GOLDMANN

Buch

Das Beste von Fred Endrikat, dem kauzigen Bänkelpoeten aus Wanne-Eikel, dem Meister frech-erotischer, vergnüglicher, spöttischer und immer schwereloser Verse. Das Beste aus »Höchst weltliche Sündenfibel«, »Liederliches und Lyrisches« und »Sündenfallobst«.

Autor

Fred Endrikat (1890–1942) wuchs in Wanne-Eikel auf. Nach der Volksschulzeit begann er zunächst eine Handwerkslehre; sehr schnell zeigte sich jedoch seine schriftstellerische und schauspielerische Begabung. Er trat als Kabarettist u. a. im Münchener »Simplizissimus« auf und war ständiger Mitarbeiter vieler damals führender Zeitschriften. Olaf Gulbranson illustrierte seine Tiergedichte.

Das große
ENDRIKAT BUCH

GOLDMANN VERLAG

Der Goldmann Verlag
ist ein Unternehmen der Verlagsgruppe Bertelsmann

Made in Germany · 6/88 · 1. Auflage
Genehmigte Taschenbuchausgabe

Umschlaggestaltung: Design Team München
Druck: Elsnerdruck, Berlin
Verlagsnummer: 9168
Au/Herstellung: Sebastian Strohmaier
ISBN 3-442-09168-3

Warte, bis der Vers zu Ende,
bis der Beifall ist in Sicht.
Warte, bis sich rühr'n die Hände,
manchmal klatscht man, manchmal nicht.

Sündenfallobst

Sprichwörter

Man darf dem Tag nicht vor dem Abend dankbar sein
und soll das Schicksal nicht für alles loben.
Ein Gutes kommt niemals allein,
und alles Unglück kommt von oben.

Die Peitsche liegt im Weine.
Die Wahrheit liegt beim Hund.
Morgenstund hat kurze Beine.
Lügen haben Gold im Mund.

Ein Meister nie alleine bellt.
Vom Himmel fallen keine Hunde.
Dem Glücklichen gehört die Welt.
Dem Mutigen schlägt keine Stunde.

Motto

Wie aus des Lebens Schattenseiten
oft bricht ein Sonnenstrahl hervor,
so wirkt beim Mensch in ernsten Zeiten
der echte, goldige Humor.

Weil er für einige Sekunden
den bittren Ernst vergessen macht,
wird rasch ein jedes Herz gesunden,
wenn es mal richtig krank sich lacht.

Es naht der Lenz

Es naht der Lenz! Man merkt es an den Hunden!
Die Waschfrau sagt, sie hätt es längst geahnt.
Schneeglöcklein blühen rings an den Rotunden.
Es riecht die Welt nach Veilchen und nach Stiefeln, welche
frisch getrant.
Zum Tor hinaus lackierte Kinderwagen
jetzt rollen, überfüllt mit junger Fracht.
Nun sieht man erst die Keime, welche ausgeschlagen
wohl hinter grauen Mauern, in manch langer Winternacht.
Laut jauchzt mein Herz, das welk und
schnapszerschunden:
»Es naht der Lenz! Man merkt es an den Hunden!«

Ins Grüne ziehen ganze Menschenschwärme.
Der Intellektuelle zieht ins Kabarett.
Es zieht der Sonnenschein in die Gedärme.
Gar manche Gartenbank wird jetzt zum Himmelbett.
Ich zieh den Mantel aus beim Frühlingsrauschen.
Das Ziehen und das Blühen will nicht ruhn.
Der Mädchen Blusen sich beglückend bauschen.
Es keimt und sprießt jetzt unter Seide und Kattun.
Die Katzen feiern Orgien in den Dämmerstunden.
Es naht der Lenz! Man merkt es an den Hunden!

Der Wandervogel in die Ferne pilgert
und pumpt voll Sauerstoff sich schlucksessiv.
Die Eier haben sich ganz kolossal verbillgert.
Trotzdem sagt Einstein: »Wennschon! Alles relativ!«
Die Jauche rieselt durch die Ackerfurche.
Am Wege blüht beinah das Löwenmaul.

Zum Himmel jubiliert empor die Lurche.
Ein Stachelschwein gibt andre Töne von sich als die Nachtigaul.
Ich sing mein Lied, so wie ich es empfunden.
Es naht der Lenz! Man merkt es an den Hunden!

Gedanken beim steifen Grog

Wo ein Grog ist – da ist auch ein Keller.
Wo eine Zeche – ist auch ein Preller.
Wo ein Tsching – da ist auch ein Bum.
Wo ein Kümmel – da ist auch ein Rum.

Wo ein Mat ist – ist auch ein rose.
Wo ein Wind – ist auch eine Hose.
Wo ein Luv ist – ist auch ein Lee.
Wo ein W – da ist auch ein C.

Wo eine Ana – ist auch die lyse.
Wo eine Kom ist – ist auch die büse.
Wo ein Kauta – da ist auch ein bak.
Wo ein Dudel – da ist auch ein Sack.

Wo ein Säbel – da ist auch die Scheide.
Wo ein Schorf ist – da ist auch die Heide.
Wo ein Labs ist – da ist auch ein kaus.
Wo eine Freude – da ist auch ein Haus.

Wo ein Stein ist – da ist auch ein häger.
Wo ein Schorn – ist auch ein steinfeger.
Wo ein Kampf ist – da ist auch ein Sieg.
Wo eine Jungfer – da ist auch ein Stieg.

Wo ein Amboß – da ist auch ein Hammer.
Wo eine Katze – ist auch ein Jammer.
Wo eine Hexe – da ist auch ein Schuß.
Wo ein Kurz ist – da ist auch ein Schluß.

Die Flaschenpost

Ein Seemann mit den Wellen ringt.
Der Mast, die letzte Planke sinkt.
Er schwimmt allein im weiten Meer,
nur salzges Wasser ringsumher.
Die Sonne brennt vom Firmament,
der Seemann glaubt, es geht zu End.
Hallo, was schwimmt da aus Südost?
Wahrhaftig, eine Flaschenpost.
Der Seemann traut den Augen kaum.
Er lechzt vor Durst im Fiebertraum
nach einem kühlen Labetrunk.
Die Flasche gibt dem Seemann Schwung.
Er rafft sich auf mit letzter Kraft
und schwimmt und schwimmt – und hat's geschafft.
Er hält die Flasche in der Hand,
die ihm das Schicksal hat gesandt.
Der Seemann liest begierig, als
er nun entkorkt den Flaschenhals:
»Dem Finder auf dem weiten Meer
ein Gutschein für zehn Pilse-ner.«
Der Seemann brüllt: »Gemeiner Hund.«
Sinkt durstig auf den Meeresgrund. –
Wie roh das Schicksal manchmal ist.
So wird der Mensch zum Pessimist.

Löwe hat Zahnschmerzen

Der Wüstenkönig heult und brüllt,
weil seine rechte Wange schwillt.
Er heult in Dur, er brüllt in Moll.
Die Backe schwillt ganz jammervoll.
Sein Schmerzgeheul tönt himmelan:
»O weh, o weh, mein Backenzahn.
Ich schenke meine Königskron
für nur ein Stück Pyramidon.
Schickt das Kamel mir in die Näh,
es koche mir Kamillentee.«
Der Löwe schlägt mit seinem Schweif
den, ach, so wohlbekannten Reif.
Sein Schmerzgeheul klingt nicht poetisch,
der Anblick ist nicht majestätisch.
Die Tiere kommen angerannt,
der Tiger, auch der Elefant.
Sie wundern sich darob nicht wenig,
so sahn sie niemals ihren König.
Voll Mitleid murmelt das Kamel:
»Der König leidet, meiner Seel.
Wie wär's da mit Kakteenöl?«
Da grunzt das Nilroß: »Du Kamel.«
»Was macht man da? Was macht man da?«
sagt die Giraff zum Zebera.
Der Affe ruft dem Känguruh
vom Baume faule Glossen zu.
Und die Hyäne auf der Lauer
freut sich schon auf die Landestrauer.
Des Löwen Zahnschmerz stimmt sein Reich
teils schadenfroh, teils mitleidweich.

Regel mit hoffentlicher Ausnahme

Das Böse hat die Eigenschaft – leicht abzufärben,
viel leichter als das Gute, sagt man allgemein.
Wenn schlechter Umgang gute Sitten soll verderben,
dann mag der Himmel allen Zuchthauspriestern gnädig sein.

Elegischer Rauchermonolog

Lebe wohl, es ist genug
mit dem langen Erdenrummel.
Bald geht unser letzter Zug,
lebe wohl, du alter Stummel.
Anfangs ging es flott voran,
plötzlich kam die große Wende.
Funkensprühend fängt man an,
und ein Stummel ist das Ende.
So verpafft man seine Zeit,
und man streicht uns von der Liste,
Sinnbild der Vergänglichkeit,
Inbegriff der leeren Kiste.
Alles muß in Rauch vergehn,
aufwärts zu den Cherubimen.
War der Anfang noch so schön,
doch der letzte Rest heißt: Priemen.
Alter Bursche, glaube mir,
Stummel sein, ist kein Vergnügen.
Schau mich an, jetzt stehen wir
beide vor den letzten Zügen.
Zeig dich stark und fasse dich,
daß man uns nicht überrasche.
Du bist so verkohlt wie ich,
darum Friede unsrer Asche.

Der Großstadtbaum

Ein Baum steht in der großen Stadt,
wo er nur wenig Sonne hat,
verlassen und alleine.
Von Osten her ein schmaler Gang,
von Westen her ein Schienenstrang,
von Süd und Nord nur Steine.

Ich blieb oft vor dem Baume stehn.
Er hat mich schweigend angesehn,
als wollte er mich grüßen.
Die Wurzeln unter dem Asphalt,
sie sehnten sich nach einem Wald,
wie ich mit müden Füßen.

Der Baum schaut mir in das Gesicht,
als wollte er mit seinem Licht
mir einen Trost bereiten.
Er muß hier Jahr um Jahre stehn
und hatte nie ein Reh gesehn
und all die Herrlichkeiten.

Bist du auf einen Platz gestellt,
der dir nicht sonderlich gefällt,
dann denk an die Akazie.
Wenn dich das Schicksal nicht verpflanzt,
dann halte aus, so gut du kannst,
und dulde still, mit Grazie.

Das ewig Weibliche

Es streiten sich die großen Philosophen
seit alters her schon um das Thema Frau.
Der eine singt ihr Lied in schönsten Strophen,
der andre wünscht sie in den Höllenofen.
Nur leider stimmt das meiste nicht genau.

Das Thema läßt sich nur von Fall zu Fall behandeln,
weil unterschiedlich und sehr delikat.
Die Frauen wandeln sich, wie sich die Zeiten wandeln,
auch soll man sie nicht öffentlich verschandeln –
Volksgut in Ehren, doch Frauen sind privat.

Die Frau ist wie ein Dom, vor dem wir stehen,
geheimnisvoll, voll Mystik, wunderbar.
Man kennt sie nicht, von außen nur gesehen,
es fehlt der Schlüssel, um hineinzugehen.
Die Liebe ist der Schlüssel zum Altar.

Bist du dann endlich zum Altar gekommen –
in welcher Rolle, das liegt ganz an dir –
vielleicht hast du das höchste Glück erklommen,
wirst feierlich als Priester aufgenommen,
wer weiß? Vielleicht nur als ein Opferstier.

Diogenes in der Badewanne

Wenn's nicht langt, dann geht die Rechnung scheinbar
niemals richtig aus,
und du magst dich drehen, so rum – oder so.
Bei zu wenig Wasser in der Wanne schaut der Bauch
hinaus,
wenn du dich nun auf den Bauch legst – friert der Po.
Also wendest du dich einfach seitenwärts,
denn geteiltes Wasser ist nur halber Schmerz.
Auf die Art und Weise ist die Rechnung wieder glatt.
Es ist gut, daß jedes Ding vier Seiten hat.

Höhere Gewalt

Wenn Stürme brausen und Gewitter dräun,
gefährden sie zuerst des Turmes Spitze.
Der Maulswurfshügel drunten kann sich freun,
in einen Misthauf' schlagen keine Blitze.

Noch höhere Gewalt

Der Trieb nach oben ist dem Mensch zu eigen,
doch kletterst du auf Erden noch so hoch,
du magst sogar bis in den Himmel steigen,
paß auf, der liebe Gott erwischt dich doch.

Im Goldnen Lamm

Im Goldnen Lamm, bei weingefüllten Bechern,
da ist es gut sein um die Abendzeit.
Ein kleiner Kreis von wohlbeleibten Zechern
genießt beschaulich weise Fröhlichkeit.
Man spricht von einst erlebten Jugendlastern
und prahlt von mancher süßen Liebesnacht.
Die Nasen blühn wie auf dem Tisch die Astern.
Eros schaut schweigend fort – und Bacchus lacht.

Im Goldnen Lamm in einer stillen Nische,
da ist es gut sein um die Abendzeit.
Ein junges Pärchen sitzt allein am Tische,
genießt das Glück der Liebesseligkeit.
Es ist ein zärtlich Flüstern und Liebkosen,
die jungen Herzen sind von Glut entfacht,
so schön wie auf dem Tisch die Rosen.
Bacchus schaut schweigend fort – und Eros lacht.

Im Goldnen Lamm scheint abends alles rosa,
ganz anders ist es um die Mittagszeit.
Es kommt der Tag, und mit ihm kommt die Prosa
und hält für uns das Mittagsmahl bereit.
Wie köstlich dampft jetzt auf dem Tisch der Braten,
die Klöße anzuschaun, ist eine Pracht.
Statt Astern, Rosen leuchten die Tomaten.
Bacchus, auch Eros schweigt – Lucullus lacht.

Ansprache vor dem Spiegel

Du schwätztest viel in letzter Nacht,
der Wein verklärte deine Augen.
Du hast dir stolz dabei gedacht,
daß deine Worte soviel taugen.
Gewiß, beim Kerzenlicht der Wein
vergoldet hohle Seifenblasen.
Besiehst du sie beim Sonnenschein,
dann bleiben nichts als Schaum und Phrasen.
Im Wein liegt Wahrheit? Lieber Mann,
dies Sprüchlein läßt sich drehn und biegen.
Es kommt ganz auf die Menge an,
im Rausch selbst Götter manchmal lügen.
Das Trinken macht die Äuglein hell?
Ich möchte feierlich beteuern:
Als dieses Liedchen aktuell,
da dacht' kein Mensch ans Autosteuern.
Wer niemals einen Rausch gehabt,
schont seine Nieren und die Blase,
und wer zuviel an Wein sich labt,
kriegt früh schon eine rote Nase.
Mensch, trinke, aber nicht im Groll,
und glaube einem weisen Kauze:
Wenn's nicht mehr schmeckt, dann bist du voll,
dann sage prost! und halt die Schnauze.

Gekränkte Leberwürste

Ich glaube, von ihnen könnte wohl jeder erzählen,
wie sie ihre Mitwürste stillschweigend quälen.
Geht diesen Leberwürsten nicht alles nach Wunsch,
dann sind sie gekränkt und ziehn einen Flunsch.
Gekränkte Leberwürste sind von der Sippe
mit der ewig schmollenden Unterlippe.
Sie lieben den indirekten, passiven Zank,
wenn sie nicht gekränkt sein können, dann sind sie krank.
Solche Leberwürste sind nur mit Vorsicht zu genießen,
es wäre das beste, wenn wir sie ganz links liegenließen.
Sie warten förmlich darauf, daß irgend etwas nicht klappt,
dann sind sie gründlich und ausgiebig eingeschnappt.
Nur mit Glacéhandschuhen sind sie anzufassen.
Es ist nicht so einfach, sich ihnen anzupassen.
Sie liegen uns im Magen viel schwerer als Blei.
Leider sind gekränkte Leberwürste markenfrei.

Gedanken beim Stachelbeerenpflücken

Bei Rosen kann ich jenen tiefen Sinn verstehn,
daß sie mit Dornen ihre Blüten wehren.
Mir will's nur absolut nicht in den Schädel gehn,
wozu die Stacheln bei den Stachelbeeren.
Der Dorn an einer Rose macht sie zum Idol,
doch eine Stachelbeere ist uns kein Symbol.
Beim Pflücken leuchtet mir der Sinn und Zweck nicht ein.
Beim Essen denk' ich mir: Es wird schon richtig sein.

Der wahre Menschenfreund

Ein Menschenfreund zu sein, ist nicht so schwer,
wenn Blick und Urteil rein und ungetrübt.
Ein wahrer Menschenfreund ist aber der,
der Menschen kennt – und sie doch trotzdem liebt.

Philosophie im Hochsommer

Der übergroßen Weisheit der Natur
kommt man erst ganz allmählich auf die Spur.
Man nimmt so manches oberflächlich hin,
doch hat das kleinste Ding sehr tiefen Sinn.

So hat zum Beispiel eine Kuh das Horn,
damit sie weiß, was hinten oder vorn.
Mit einem Schlage wird mir nun bewußt,
wozu der Mann die Warzen an der Brust.

So quält und foltert man das arme Hirn
und denkt hernach: Wer weiß, man kann sich irr'n.
Wenn man auch wirklich einen Fehlschuß macht –
doch immerhin, man sieht: Es wird gedacht.

Das Warten

Schön ist es, im Rosengarten,
wie der Dichter singt, zu warten.
»Liebchen mein« und »Mondenschein«,
»Blütenhain« nebst »Stelldichein«.
Liebe färbt das Warten rosa,
doch im Leben gilt die Prosa.
Wer das Warten will verstehn,
der muß an den Schalter gehn.
Hunde sind nicht mitzubringen.
Nerven sind vor allen Dingen
höchstenfalls dann angebracht,
wenn man sie bezähmt, bewacht.
Stell dich hinten an und schau
auf den Hals der Vorderfrau,
oder spiegle dich im Glanz
vom Genick des Vordermanns.
Glaube mir in allem Ernste:
Ob du willst, ob nicht, hier lernste
warten. Es kommt jeder dran.
Frau für Frau und Mann für Mann.
Nur mit Ruhe. Nicht so eilig.
Warten ist niemals langweilig,
wenn du innre Sammlung findst
und dich auf dich selbst besinnst.
Warten macht den Menschen weise,
und der Schalter wird zur Schleuse,
wo der Strom der Zeit sich ballt
durch behördliche Gewalt.
Ströme stauen sich zu Meeren,
die zum Schalter hin begehren.
Bist du endlich glücklich dran,
wartest du gleich nebenan.
So erwartest du dein Alter

hinter oder vor dem Schalter.
Mit Geduld kommst du am End'
weiter als mit dem Talent.
Auf des Lebens Wanderfahrten
heißt es: warten, nichts als warten.
Bis du dich gen Himmel schwingst
und ein Hosianna singst.
Unser Schicksal auf der Erde
lenkt teils Gott, teils die Behörde.
Laß dir Zeit, bewahre Ruh,
warte nur, bald kommst auch du.

Bestimmung

Soviel Dinge gehn im Leben
auf dich zu, noch mehr daneben.
Mensch, dein Weg ist dir bestimmt.
Nimm das Schicksal, wie es kimmt.

Jeder muß sein Päcklein tragen,
teils mit Wohl-, teils Unbehagen.
Schau nach vorn, dort gehen sie:
Hans im Glück und Pechmarie.

Etwas Sonne, sehr viel Regen,
Freude folgt den Nackenschlägen,
oder manchmal umgedreht,
wie es so im Leben geht.

Wieviel Blüten an dem Baume
werden nie zur reifen Pflaume.
Wieviel Pulver, wieviel Blei
schießt der Feind an dir vorbei.

Weine nicht um das Verpaßte.
Denke: Was du hast, das haste.
Kriegst du nicht, was du gewollt,
hat es wohl nicht sein gesollt.

Das bin ich

Du möchtest wissen, wer ich bin?
Kein Buch, das streng versiegelt.
Ich trete offen vor dich hin,
vollkommen ungeschniegelt.

Ich bin kein tosender Orkan,
entfesselt von Dämonen,
kein sturmbewegter Ozean,
in dem Titanen wohnen.

Ich bin ein kleiner, stiller See,
der tut, als ob er schliefe.
Der eine wächst halt in die Höh',
der andre in die Tiefe.

Ein Himmelstürmer bin ich nicht,
den einst die Götter zeugten.
Es dient nur mein bescheiden Licht,
den Menschen heimzuleuchten.

Ich sing' mein Liedchen, wie's mir paßt,
den Mädchen und den Knaben.
Und wenn du mich nicht gerne hast,
kannst du mich gerne haben.

Bauernweisheit

Der Wille ist ein Denken und Schwätzen.
Die Tat gibt dem Willen das Lebenslicht.
Der Glaube kann wohl Berge versetzen,
aber Komposthaufen versetzt er nicht.

Der geschlagene Langstreckenläufer

Ein Langstreckenläufer mit vielen Weltrekorden
ist jüngst herausgefordert worden.
Man wollte von ihm eine Höchstleistung sehen,
und zwar sollte er den Instanzenweg begehen.
Er gab seine Zusage und trainierte voller Eifer,
denn das erforderte Mut, selbst für einen
Langstreckenläufer.
Man schloß große Wetten, und der Tag kam endlich,
und der Langstreckenläufer blamierte sich schändlich.
Er ist auf halbem Wege zum Start zurückgekrochen,
vollkommen an Leib und an Seele gebrochen.
Im Langstreckenlauf hat er Weltrekord gehalten,
den Instanzenweg vermochte er nicht durchzuhalten.

Die Rolle

Man gibt uns ein Röllchen, bescheiden und kurz,
der Inhalt und Umfang sind piepe und schnurz.
Die Hauptsache ist, sie zu begreifen.
Wir spielen nach Möglichkeit ganz lebenswahr.
Zuerst ist man Stärchen, dann wird man ein Star.
Dem Keimen folgt Blühen und Reifen.

Man denkt sich und lebt in die Rolle hinein,
und ist sie auch scheinbar nur winzig und klein –
wir können die Größe ihr geben.
Die Länge der Rolle allein macht es nie.
Es macht nicht das »Was«, vielmehr nur das »Wie«,
sowohl in der Kunst wie im Leben.

Rücksprache mit der Hose

Ich habe mit meiner Hose Rücksprache genommen,
ob wir beide wohl gut durch den Winter kommen.
Sie legte ihr Antlitz in noch mehr Falten
und meinte: »Ich habe die Absicht, eisern durchzuhalten.
Mein Boden dehnt sich zwar schon bis ins Uferlose,
bin sonst aber eine innerlich geschlossene Hose.
Der Glanz und die Wolle aus früheren Tagen
sind teils weggebürstet und teils abgetragen,
die Nähte und Falten sind leidlich durchstoßen,
sonst bin ich noch rüstig im ganzen und großen.
Der Charakter bildet sich im Laufe der Zeiten
und überschattet alle die Äußerlichkeiten.
Eine ehrwürdige Hose mit Flicken und Narben
kann Bände erzählen in den buntesten Farben.
Die härtesten Kämpfe und Stürme im Leben
haben mir die richtige Haltung gegeben.
Ich habe mir fest und eisern vorgenommen,
wir beide müssen gut durch den Winter kommen.«
So sprach meine Hose, die an Jahren so reiche,
vor mir stehend wie eine knorrige Eiche.
Oh, ihr kleingläubigen Zweifler solltet euch schämen
und einmal mit eurer Hose Rücksprache nehmen.
Man soll es kaum glauben, wieviel Kraft und Lebensmut
in solch einer welterfahrenen Hose ruht.

An meinen Apfelbaum

Ich sah hinterm Zaun dein verzagtes Gesicht,
von Dornen und Sträuchern umgeben.
Du strebtest vergebens nach Sonne und Licht,
die Zweige verbogen. Nein, schön warst du nicht.
Ich half dir im Kampf um dein Leben.

Ich habe gegraben, gehackt und gesägt,
befreite vom Moos deine Rinde,
die Krone gesäubert, den Stamm freigelegt.
Ich hab' dich nach all der Entbehrung gepflegt
gleich einem verwahrlosten Kinde.

Du bist wie verjüngt aus dem Schlafe erwacht
im Frühling, dem sonnigen, warmen.
Wie hast du geleuchtet in blühender Pracht,
glückstrahlend mir morgens entgegengelacht:
Oh, komm doch und laß dich umarmen.

Nun stehst du im Herbst als ein prächtiger Baum
mit köstlich beladenen Zweigen.
Es duftet wie Weihnacht im festlichen Raum,
rot schimmern die Äpfel, ein kindlicher Traum.
So schön ist dies dankbare Schweigen.

Du hast mir unzählige Freuden beschert,
uns allen, dem Fink und der Meise.
Du warst mir die Liebe und Mühe schon wert.
Das wirkliche Danken hast du mich gelehrt,
so reichlich, so herzlich, so leise.

Schweinephilosophie

Wir Schweine sind seit alter Zeit,
die weißen wie die schwarzen,
das Sinnbild der Beschaulichkeit,
ob mit – ob ohne Warzen.
Nur wer für seinen Bauch gelebt,
der hat für uns Verständnis.
Das Schwein irrt nie – weil es nicht strebt,
darin liegt die Erkenntnis.
Das Leben ist ein Ringelspiel,
es dreht sich selbst im Kreise.
Wer nichts tut – der tut schon nicht viel.
Wer gar nichts tut, ist weise.
Vom Müßiggang sich auszuruhn,
das heißt, die Zeit verprassen.
Man kann im Leben sehr viel tun –
doch noch mehr – unterlassen.
Wir säen nicht, wir ernten nur,
damit wir gut geraten.
Wir sind bestimmt von der Natur
zu Schinken, Wurst und Braten.
Ein Schwein nimmt jeden Schmutz in Kauf
und denkt: Jedem das Seine.
Das Schwein ißt keinen Menschen auf.
Der Mensch verspeist uns Schweine.

Die beiden Seiten

Die Natur hat uns zum Segen
alles gut ausbalanciert,
daß der Mensch auf seinen Wegen
nicht das Gleichgewicht verliert.
Darum hat der Mensch zwei Seiten.
Ist die rechte lahm und krumm,
hat dies gar nichts zu bedeuten,
dreht er sich zur linken um.
So verteilt man seine Bürde –
halb so schwer erscheint die Last –
teils mit Laune, teils mit Würde,
wie und wo es eben paßt.
Darum hat der Mensch zwei Seiten,
eine hinten, eine vorn.
Vorne für die guten Zeiten
und die hint're für den Zorn.
Unter Menschen gibt es Leute
mit dem sonderbaren Trieb
stets nach der verkehrten Seite,
und das nennen sie Prinzip.

Wandspruch für Kopflose

Ein harter Kopf geht durch die Wände,
obwohl es Schmerz und Beulen macht.
Beim klugen Kopf tun dies die Hände,
und er wird niemals ausgelacht.
Mit dem Kopfe durch die Wand
kommt man leicht um den Verstand.

Eigene Meinung

Die Menschen streiten hier und da,
bekritteln jegliche Idee
teils mit Bejahung oder mit Verneinung.
Der Esel sagt zu allem: Iah.
Der Hammel sagt zu allem: Mäh.
So hat ein jeder seine Meinung.

Menschen, lernet von den Tieren

Die Natur ist tolerant,
sorgt für Ausgleich der Extreme.
Nur der Mensch mit dem Verstand
schafft Konflikte und Probleme.

Friedlich läßt ein sattes Tier
neben sich sein Mittier laufen.
Säuft ein Ochse voller Gier,
wird er sich doch nie besaufen.

Nur ein Floh, der Hunger hat,
saugt das Blut aus Menschenkeulen.
Wenn der größte Tiger satt,
läßt er sich das Köpfchen kräulen.

Schau dem Tier in das Gesicht:
Nirgendwo der Falschheit Schatten.
Haß und Feindschaft gibt es nicht,
nur die Hungrigen und Satten.

Gleich und gleich gesellt sich gern,
Gegensätze sich berühren,
darin liegt des Pudels Kern.
Menschen, lernet von den Tieren.

Stammbuchvers

Wenn etwas schön ist, komme nicht in Wut
durch irgendeinen kleinen Zwischenfall.
Kackt dir mal eine Nachtigall auf deinen Hut –
dann freu dich an dem Lied der Nachtigall.

Fröhlicher Besuch

Hallo, wer kommt mit Sing und Sang
so fröhlich dort den Weg entlang?
Ich höre ihn schon aus der Fern';
solch frohe Menschen hab' ich gern.
Es klingt sein Lied so wohlgemut,
er trägt ein Blümlein an dem Hut
und winkt mir mit dem Wanderstab.
»Ei, grüß dich Gott, du lust'ger Knab.«
Er hält vor meiner Gartentür.
»Mach auf. Bin der Gerichtsvollzieh'r.«
Er lächelt mich so strahlend an,
als wär's der liebe Weihnachtsmann.
Fürwahr, ein seltsamer Patron,
wie Donnerschlag mit Harfenton,
wie Blitz mit Maiensonnenschein.
»Seid mir willkommen. Tretet ein.«
Wir nehmen an der Buche Platz
und halten einen kleinen Schwatz
wohl über Wetter und den Wind,
wie weit schon die Radieschen sind,
und daß der Frühling ziemlich kalt.
Da ruft der Kuckuck aus dem Wald.
Ich denk': »Halt's Maul, du dummes Tier.«
Diskret ist mein Gerichtsvollzieh'r,
er singt so laut und wohlgemut:
»Was frag' ich viel nach Geld und Gut.«
Wir beide grölen um die Wett',
gen Himmel schmettert das Duett,
die Vöglein stimmen fröhlich ein.
In unsern Gläsern blinkt der Wein.
Er greift zum Glas: »Prost, altes Haus.«
Wir stoßen an und trinken aus.

Ich schenke ein den Rebensaft,
wir trinken schließlich Brüderschaft.
Bei Gläserklang und Finkenschlag
der Morgen wurde längst zum Tag,
auch dieser sank schon hinterm Tann,
es fing zu nachmittagen an.
Laut rief mein Freund: »Schenk ein, schenk ein.
Hier bin ich Mensch. Hier darf ich's sein.«
Das Echo lieblich widerhallt.
Der Kuckuck war verstummt im Wald.
Die Sonne sank schon hinterm See.
Das Abschiednehmen tut so weh.
Wenn Freunde auseinandergehn,
dann sagen sie: »Auf Wiedersehn.«
Ich winkt' ihm nach am Gartenzaun:
»Gut' Nacht. Leb wohl. Auf Wiederschaun.«
Auf meinem Tisch, beim leeren Glas,
ein Zettel lag, auf dem ich las:
»Wie schön, daß du des Lebens Ernst
von dieser Seite kennenlernst.
Wenn du was brauchst, dann komm zu mir.
Dein fröhlicher Gerichtsvollzieh'r.«

Unreifes Obst

Aus des Nachbars Garten nascht man gern als Kind,
völlig unbekümmert um die Folgen und den Schaden,
ob die Äpfel noch so sauer sind
und die Pflaumen unreif oder voller Maden.
Später wird man kritisch. Wenn erst die Vernunft beginnt,
findet man die reifen Äpfel viel gesünder,
und sie schmecken besser, wenn's die eignen sind.
Die gestohlnen Äpfel, die sind für die Kinder.

Schwan auf der Alster

Am Alsterfährhaus zieht ein Schwan
mit stolzer Grazie seine Bahn.
Wie er sich wendet und sich dreht,
ist jeder Zoll ganz Majestät.
Das schöne Bild das Herz erbaut,
wenn man nicht bis nach unten schaut.
Verläßt der stolze Schwan sein Reich,
dann watschelt er der Ente gleich.
Wie er so latscht und wackelnd geht –
fürwahr, bar jeder Majestät!
Er wirkt als König bis zum Knie,
doch dann versagt die Poesie.
Zur Wirkung braucht der Schwan den See,
so wie der König sein Milieu.
Zerstört man nun die Phantasie,
bleibt ein gewöhnlich Federvieh.
So offenbart sich jederzeit
wie hier die Unvollkommenheit.
Die Liebe urteilt nicht so roh,
denn Leda liebt den Schwan auch so.

Naturgesetz

Es ist ganz natürlich an einer Fackel:
Die leuchtende Flamme zeugt schwärzenden Ruß.
In jedem Kritiker schlummert ein Dackel,
der spielend zerreißen und zubeißen muß.

Vertauschte Rollen

Wenn man in umgekehrter Welt
den Clown auf das Katheder,
den Philosoph aufs Drahtseil stellt –
wer wirkt von beiden blöder?

Hymne an den Ärger

Ein Wermutstropfen ist was Gutes,
von rauher Schicksalshand kredenzt.
Er dient zur Reinigung des Blutes,
als Dämpfer deines Übermutes,
damit du Maß und Ziel erkennst.

Vergißt Fortuna hold zu lächeln,
dann knallt der Hagel dir aufs Dach.
Steckst du im Pech bis zu den Knöcheln,
denk: Ewig kann der Lenz nicht fächeln,
und einmal kommt der große Krach.

Wie reizlos wäre unser Leben
bar jedes Ärgerzwischenfalls.
Man kann nicht nur auf Wolken schweben,
es muß auch Augenblicke geben,
wo man sich sagt: Paß auf, gleich knallt's.

Der Wermut hilft in jedem Falle,
wenn man ihn nicht aus Kübeln säuft.
Wir Menschenkinder brauchen alle
das Herz genauso wie die Galle –
wenn letztere nicht überläuft.

Weise Einrichtung

Du darfst so dumm sein, wie du willst,
wenn du nur selbst es weißt und fühlst.
Wenn du versteckst dein kleines Licht,
sieht man den großen Schatten nicht.
Die Dummheit, die du klug verschweigst,
hilft mehr als Weisheit, die du zeigst.
Halt deinen Mund und stell dich doof,
dann nennt die Welt dich Philosoph.

Einem Kunstbeflissenen ins Stammbuch

Es ist wunderschön, der schönen,
hohen, hehren Kunst zu frönen,
wenn der Götterfunke sprüht
durch das Herz und das Geblüt.
Mancher lebenslänglich künstelt,
nur von einem Wahn begünstelt,
und er bleibt ein Firlefanz
wie ein Bär beim Spitzentanz.
Laß des Musentempels Stufen
jenen, die dazu berufen.
Auf das Wollen kommt's nicht an,
Kunst ist eben, wenn man kann.
Mühst du dich auch noch viel länger,
Bären bleiben Sohlengänger.
Streite nicht wie Meister Petz
wider das Naturgesetz.
Nutzlos hast du dich zerfranst,
weil du willst, was du nicht kannst.

Temperierte Wasserleitung

Zwei Rohre gehn durch ein Hotel
in schönster Eintracht parallel,
gehn sozusagen Arm in Arm.
Ein Rohr ist kalt – das andre warm.
Vom Keller steigen sie empor
zum ersten Stock, Rohr neben Rohr.
Sie machen an zwei Hähnen halt.
Ein Hahn heißt »Warm«, der andre »Kalt«.
Der eine sprudelt glühend heiß,
der andre aber kalt wie Eis.
Vom ersten Stock geht dann empor
zum zweiten Stock Rohr neben Rohr.
Sie machen an zwei Hähnen halt,
ein Hahn heißt »Warm«, der andre »Kalt«.
Der eine sprudelt ziemlich heiß,
der andre beinah kalt wie Eis.
Vom zweiten Stock geht dann empor
zum dritten Stock Rohr neben Rohr.
Sie machen an zwei Hähnen halt,
ein Hahn heißt »Warm«, der andre »Kalt«.
Der eine sprudelt nicht mehr heiß,
der andere auch nicht kalt wie Eis.
Vom dritten Stock geht dann empor
zum vierten Stock Rohr neben Rohr.
Sie machen an zwei Hähnen halt,
ein Hahn heißt »Warm«, der andre »Kalt«.
Der eine sprudelt wärmlich flau,
der andre nur ganz lind und lau.
Vom vierten Stock geht dann empor
zum fünften Stock Rohr neben Rohr.
Sie haben durch des Marsches Last
sich gegenseitig angepaßt.

Im zwölften Stock stimmt's ganz genau,
statt heiß und kalt sind beide lau.
Das Ding hat einen tief'ren Sinn,
und zwar liegt nur der Grund darin:
Das Rohr von links, das Rohr von rechts
sind beide selbigen Geschlechts.
Kein Wunder, wenn so was passiert,
daß man die Temp'ratur verliert.

Der Dickkopf

Ein Dickkopf, der verhätschelt wird,
wächst immer härter und kompakter,
bis daß er endlich so weit irrt
und glaubt, sein Dickkopf sei Charakter.
Wenn Einfalt sich mit Starrsinn paart,
das wird ein Schädel felsenhart.
Ein Dickkopf ist noch längst kein Haupt.
Jenes erreicht – was jener glaubt.

Stille Rückschau

Plötzlich bleibst du stehn und schaust zurück
auf den Weg, den du gegangen bist,
siehst die Jahre rückwärts wie die Kilometersteine.
Manche sind beinah verblaßt im Dämmerscheine,
wie wenn Gras darüber hingewachsen ist,
wieder andre leuchten hell vor deinem Blick.
Deine Augen forschen nach den Sorgen und den Nöten,
über die dein Fuß so mühsam oft getreten,
klein und winzig wirken sie, von rückwärts aus gesehn.
Die Gedanken wie die kleinen Lämmer weiden
auf den Blumenwiesen der erlebten Freuden.
Möchtest du denselben Weg noch einmal gehn?
Wenn du stillstehst, wirst du deutlich sehn,
wie die Gegenwart wird zur Vergangenheit.
Lebenswert sind solch beschauliche Minuten,
Kraft zu schöpfen aus dem Quell das Guten
für den Marsch ins Morgen, denn der Weg ist weit.
Noch ein Blick ins Gestern, und dann heißt es:
Weitergehn.

Besinnlichkeit

Es ist so schön, am Waldesrand zu sitzen,
den alten Bäumen gleich, zu grübeln, weltenfern,
aus den Gedanken Miniaturen schnitzen
zum kleinen Spruch mit einem lebensnahen Kern.

Wir unter uns

Die Schlange rügt am Regenwurm das Kriechen,
Die Elster schimpft den Raben Dieb und Vagabund.
Das Stinktier sagt zum Iltis: Ich kann dich nicht riechen.
Die Ziege nennt den Hammel einen blöden Hund.

Wir fragen uns: Wie kann man sich nur so beschimpfen,
dazu ganz öffentlich und mitten ins Gesicht?
Wir sagen stolz, indem sich Herz und Nase rümpfen:
Ein Mensch von Bildung und Erziehung tut das nicht.

Das überlassen wir den Buben auf den Gassen.
Wenn wir uns aber durch die Wucht des Augenblicks
zu einem offenen Beschimpf hinreißen lassen,
dann höchstenfalls und überdies nur – hinterrücks.

Die Wände lauschen, und die Menschen denunzieren.
Bald stehen wir vorm Richter mit gesenktem Blick.
Wir müssen Buße tun und auch noch inserieren:
Ich nehme das Gesagte reuevollst zurück.

Wenn wir uns dann vor aller Welt die Hände reichen,
so ist das ehrlich und ganz ohne Falsch und Hehl.
Wir sind dann wieder völlig unter unsresgleichen,
denn nur ein Esel sagt zum Ochsen: Du Kamel.

Der richtige Tip

Es läßt sich im Leben, genau wie beim Rennen,
im voraus der richtige Tip schwerlich nennen.
Da gibt es bekanntlich stets zweierlei:
Der eine tippt richtig – der andre vorbei.
Das Richtige muß man mit Ausdauer suchen.
Oft denkst du, du hast es. Bald merkste: Ja, Kuchen.
Der eine hat Glück und der andre Malheur,
man merkt das nur leider meist hinterher.
Es bleibt so ein ewiges Suchen auf Erden,
im Sport und der Liebe, bei Frauen und Pferden.
Einst kommt doch für jeden im Schicksalsbetrieb
der richtige Tip und der richtige Typ.

Nachträgliche Geschenke

Das Fest ist um, der Tisch geräumt,
verklungen sind die Lieder.
Der schöne Traum ist ausgeträumt,
der Alltag hat uns wieder.
Auf einmal kommt von ungefähr
ein Gruß und ein Geschenk daher.
Das sind die schönsten Feste oft,
die unerwartet, unerhofft.

Der Herbst ist um, das Feld geräumt,
verstummt der Vöglein Lieder.
Des Sommers Traum ist ausgeträumt,
der Winter hat uns wieder.
Auf einmal kommt von ungefähr
ein Tag mit Sonnenschein daher.
Die Feiertage sind so schön,
die gar nicht im Kalender stehn.

Früher Frühling

Zwischen Februar und März
liegt die große Zeitenwende,
und, man spürt es allerwärts,
mit dem Winter geht's zu Ende.
Schon beim ersten Sonnenschimmer
steigt der Lenz ins Wartezimmer.
Keiner weiß, wie es geschah,
und auf einmal ist er da.

Manche Knospe wird verschneit
zwar im frühen Lenz auf Erden.
Alles dauert seine Zeit,
nur Geduld, es wird schon werden.
Folgt auch noch ein rauher Schauer,
lacht der Himmel um so blauer.
Leichter schlägt das Menschenherz
zwischen Februar und März.

Gib ihm

Wenn du vor aller Welt die größte Frechheit plapperst,
daß deiner Worte Sinn naiv und harmlos scheint,
und unbekümmert mit den Narrenschellen klapperst,
meint jeder Mensch, sein lieber Mitmensch sei gemeint.

Dämmerstunde

Wie schön ist eine Dämmerstunde
allein mit sich in trauter Runde.
Es dämmert sich gut auch zu zwei'n,
vereint mit einem Glase Wein.
Scheint uns das Leben sehr belämmert,
wird man darüber hingedämmert
und schwebt hinfort aus dem »zur Zeit«
in Zukunft und Vergangenheit.
Weitab verebbt das Weltgetöse,
fern liegt das Gute und das Böse,
das Dämmern ist ein wacher Traum,
und licht- und luftleer scheint der Raum.
Es ist so, wenn man's recht erlebte,
wie wenn ein Ei im Nebel schwebte.
Der Dämmerzustand soll ein Schein,
jedoch kein Dauerzustand sein.
Der eine muß die Augen schließen,
um so das Dämmern zu genießen,
und qualmt die Stube grau und blau.
Der andre dämmert mit Radau.
Sehr viele lieben Dämmerschoppen
mit Schachspiel oder Kartenkloppen.
Und manche treiben Politik,
da lobe ich mir die Musik.
Auch solche gibt's, die Zeit verschwenden
mit wohlbeleibten Bücherbänden,
andre mit Frauen schlank und zart,
ein jeder halt auf seine Art.
So ist das Dämmern mal hienieden
bei allen Menschen grundverschieden,
bei einem spät – beim andern früh,
bei vielen dämmert's leider nie.

Vorsicht!

Wenn's dir gutgeht, darfst du nicht vergessen,
daß du bald die andre Seite kennenlernst.
Mit den Göttern ist schlecht Kirschenessen.
Wenn sie lächeln, nimm es nicht so ernst.

Nimm das Glück als Gratisschicksalsspende,
nicht als Grund zum Hoch- und Übermut.
Auch der schönste Sonntag hat ein Ende.
Und mir scheint, so ist es gut.

So oder so

Der Hammer ist ein eigner Tropf,
mal trifft er gut und mal geringer,
den Nagel mitten auf den Kopf –
oder den Nagel auf dem Finger.

Allen, die es angeht

Ein Jagdhund, der den Schnupfen hat,
wird schwerlich einen Hasen wittern.
Aus einem Holzkopf, hohl und platt,
wird niemals ein Gedanke splittern.

Mein Herrgott ist kein Bürokrat

Mein Herrgott ist kein Bürokrat,
verkalkt, verknöchert und veraltet,
der jedes Menschen Wort und Tat
notiert und Buch führt früh und spat
und streng darüber staatsanwaltet.
Mein Herrgott wohnt in Wald und Flur.
Ich liebe ihn und seine Werke.
Er zeigt sich uns in der Natur,
sein Blitz, sein Sturm sind Zeichen nur
der Größe seiner Macht und Stärke.
Der Herrgott schuf die Menschen nicht
als arme und geduckte Sünder.
Er schenkte uns das Sonnenlicht,
daß wir ihm schauen ins Gesicht
als freie, frohe Menschenkinder.
Mein Herrgott ist kein Bürokrat,
er lebt in jeder Erdenkrume,
wenn aus ihr keimt die junge Saat.
Sein Geist uns von den Sternen naht,
aus jedem Baum und jeder Blume.

Weisheit auf Eseln

Ein Weiser ritt vom Morgenland
auf seinem Esel durch den Sand.
Der Weise dachte, dacht' und ritt,
der Esel stapfte Schritt für Schritt.
Auf gleichem Wege kreuz und quer
kam noch ein weiser Mann daher,
der dachte auch und dacht' und ritt,
sein Esel stapfte Schritt für Schritt.
Die weisen Männer grüßten sich
mit »Salem« und »Gott grüße dich«.
Sie waren nämlich ganz extrem
aus Mekka und aus Bethlehem.
Auch beide Esel grüßten sich
auf ihre Art, ganz einheitlich.
Nach kurzer Zeit ein weiser Mann
mit Vorsicht ein Gespräch begann.
Er wählt als Thema das Problem:
Ob Mekka oder Bethlehem.
Der andre Weise lauscht' und ritt,
die Esel stapften Schritt für Schritt.
So geht es eine Weile fort,
da nimmt der andre Mann das Wort,
behauptet, daß das Seelenheil
allein nur ruht im Gegenteil,
denn überdies und außerdem
nur Mekka – niemals Bethlehem.
Jetzt rief der weise Widerpart:
Man schwört beim Kreuz und nicht beim Bart.
Ob das Gott wohlgefällig sei,
von wegen der Vielweiberei.
Höchst sündig – wenn auch angenehm –
sei Mekka anstatt Bethlehem.

Man diskutierte, stritt und stritt.
Die Esel dachten Schritt für Schritt:
Für uns ist beides unbequem,
ob Mekka oder Bethlehem.
Der Abend kam und dann die Nacht.
Wenn sich die zwei nicht umgebracht,
schwört jeder noch auf sein System,
teils Mekka und teils Bethlehem.
Das haben alle Weisen eigen:
Sie lassen sich nicht überzeugen.

Wenn sich zwei weise Männer streiten,
die sollten nie auf Eseln reiten,
auch nicht beim Streit ums Seelenheil,
denn Esel denken sich ihr Teil.
Ob Mekka oder Bethlehem –
für Esel ist dies kein Problem.

Gegen den Strich

Schön ist ein Zylinderhut,
wenn man ihn gut bürsten tut,
doch er wirkt ganz lächerlich,
bürstet man ihn gegen 'n Strich.

Fröhlich ist Herr Wohlgemut,
wenn's im Leben schön und gut,
doch er wird ganz widerlich,
geht's ihm gegen seinen Strich.

»Komischer Zylinderhut,
trauriger Herr Wohlgemut«,
denkt ein Igel still bei sich.
»Mir geht alles wider'n Strich.«

Hinters Ohr zu schreiben

Es ist das Merkmal aller kleinen Geister,
daß sie sehr schnell zur Kritik sind bereit.
Im Gegensatz hierzu der wahre Meister
schafft an sich selbst, strebt zur Vollkommenheit.

Er sieht sein Werk und seine Geistesgaben
und kennt die Lücken, groß und ungezählt.
Erst wenn wir wissen, was wir alles haben,
dann wird uns klar, wie vieles uns noch fehlt.

Der fröhliche Diogenes

Blick aus der Tonne

Betrachte ich die Welt aus meiner Tonne,
so ist sie unwahrscheinlich kunterbunt.
Gleich einer goldnen Ampel strahlt die Sonne
in mein Palais, durch jenen kleinen Spund.

Aus diesem Spund floß einst in edler Klarheit
geläutert alter, abgeklärter Wein,
jetzt dringt die tiefste, schönste Lebenswahrheit
durch diesen gleichen Spund zu mir herein.

Du lernst den Schein der Welt erkennen und verachten,
lernst unterscheiden Echtes von dem Schund,
die kleinsten Dinge liebend zu betrachten,
lernst du mit klarem Blick, durch diesen Spund.

Der Krönungswagen wird zum Gauklerkarren
in der Arena, flitterhaft und bunt,
die Höflingsschar ein Häuflein eitler Narren.
So ist die Welt, gesehn durch diesen Spund.

Komm, setz dich nieder zu mir in die Tonne
und freue dich aus tiefstem Herzensgrund.
Ihr andern aber, geht uns aus der Sonne,
verdunkelt nicht durch Unverstand den Spund.

Der gute Vorsatz

An guten Vorsätzen kannst du dich selbst studieren,
vorausgesetzt, daß du es nicht schon hast.
Der gute Vorsatz ist nur selten auszuführen,
Hauptsache ist, daß du den guten Vorsatz faßt.

Ein guter Vorsatz hat noch niemals Schaden angerichtet,
weil man ihn zu vollbringen nicht vermag.
Was unser starker Menschengeist auch sehnt und dichtet,
es folgt doch immer ein fleischloser Tag.

Der gute Vorsatz zählt zu jenen Frommen,
die ungeboren in den Himmel kommen.

Der klassische Unterschied

Es schlummert in jeglicher Frauenbrust
ein kleines Xanthippchen ganz unbewußt.
In jedem Manne schlummert indes
noch lange kein großer Sokrates.

Sang an die Frühkartoffel

Die ersten Veilchen sind für das Gemüt,
im jungen Frühling, wenn die Finken schlagen,
doch wenn der Sommer in die Lande zieht,
der Frühkartoffel klingt mein schönstes Lied
aus allertiefstem, dankerfülltem Magen.

Sie hat uns in der höchsten Not erfreut,
wenn alle Reste schon zu schwinden drohten.
Sie hat den Glauben wiederum erneut,
und wenn auch nur mit Körnlein Salz bestreut,
wir grüßten sie als ersten Ernteboten.

Wenn auf dem Teller vor uns, dampfend heiß,
die Frühkartoffel ruht so zart und mehlig,
im Petersilienschmuck ihr Alabasterweiß,
da lacht das Herz, der Mund spricht Lob und Preis,
der Bauch hat ausgeknurrt und lächelt selig.

Wie herrlich, wenn sie uns entgegenrollt,
frisch aus der braunen warmen Erdenscholle.
Sie ist uns mehr als blankes, pures Gold.
Es sei ihr unser Gruß und Dank gezollt,
der lehmbeklebten Frühkartoffelknolle.

Wandspruch für Krakeeler

Hast du was zu sagen, sag es nie verdrießlich.
Unbeherrschtsein ist ein Selbsterziehungsfehler.
Außerdem und überdies und end- und schließlich:
Wirklich feine Menschen sind niemals Krakeeler.

Laute Worte wirken wahrlich nur höchst selten.
Wer sich gehenläßt, der macht sich lächerlich.
Geht der Hut dir hoch bei deinen Angestellten:
Bleibe vornehm, wenn's auch schwerfällt. Fasse dich.

Brauchst du Raum und Luft für deine Zorngefühle,
und du möchtest brüllen, daß es schaurig gellt:
Schau, der Mensch hat soviel andere Ventile,
und dein edler Mund ist doch kein Rieselfeld.

Wer sich selbst bezwingt, wird andere bezwingen.
Der Krakeeler ist nur schlapp und widerlich.
Merke dir das eine stets vor allen Dingen:
Bleibe vornehm. Mach es niemals so wie ich.

Der Humor

Humor ist sozusagen unser Senf des Lebens.
Er macht ein Stücklein trocken Brot zum Leibgericht.
Wer ihn nicht selbst besitzt, der hamstert ihn vergebens,
so hat man ihn entweder – oder hat ihn nicht.

Humor ist schwierig oder gar nicht zu ergründen.
Er ist stets taktvoll, niemals vorlaut und nicht spitz.
Humor ist zu erleben und nicht zu erfinden,
im Gegensatz zu seinem kleinen Bruder Witz.

Humor ist unser Freund in allen Lebenslagen,
weil er dem Herz entspringt und nicht dem Intellekt.
Man kann zum Beispiel mit Humor die Wahrheit sagen,
so daß sie uns bekommt und halb so bitter schmeckt.

Humor blüht auch an kühlen Dauerregentagen
und stimmt uns fröhlich, wenn es noch so schaurig ist.
Ja, mit Humor läßt sich sogar ein Humorist ertragen,
und wenn er wirklich noch so traurig ist.

Der Flüsterwitz

Der Flüsterwitz ist eine Fliege,
die ausgebrütet auf dem Mist
aus den Bazillen: Bosheit, Lüge.
Kein Mensch weiß, wer der Vater ist.

Der Flüsterwitz dünkt sich verboten.
Sein Lebenszweck ist zweierlei:
Verleumdung oder platte Zoten,
auf jeden Fall nur Schweinerei.

Am Stammtisch oder andern Winkeln
grinst er uns heimlich ins Gesicht
mit plump vertrautem Augenzwinkeln.
Er lebt zwar – doch er traut sich nicht.

Der Flüsterwitz nach der Entstehung
schleicht um im Kreise, tief geduckt.
Er ist wie die versetzte Blähung,
die man vom lieben Nachbarn schluckt.

Der Fromme labt sich an Episteln.
Der eine säuft, der andere priemt.
Das Rindvieh frißt sich satt an Disteln.
Für jeden das – was ihm geziemt.

Stein der Weisen

Wenn hundert Menschen ihre Freude laut bekunden,
dann ärgert sich der Hunderteinste ganz bestimmt.
Der Stein der Weisen ist noch immer nicht gefunden –
und zwar der Stein, an welchem niemand Anstoß nimmt.

. . . das nicht

Die Sonne bringt es an den Tag,
was gestern noch im Dunkeln lag.
Doch in Amtsschimmel-Hirne Licht –
das bringt sie nicht.

Die Flöhe sterben langsam aus.
Die frechen Wanzen schmeißt man raus.
Jedoch der Spießer, dieser Wicht,
verschwindet nicht.

Der größte Schafs- und Eselsmist
als Dünger zu verwerten ist.
Jedoch manch lyrisches Gedicht –
das leider nicht.

Hundephilosophie in der Garderobe

Die Garderobe ist der Ort
gedrängter menschlicher Geschicke.
Verbeulte Hüte sieht man dort
wie auch die allerbesten Stücke.
Ein Mantel duckt bescheiden sich,
der andre bläht sich stolz daneben.
Oft wird sogar das bessre Ich
an der Garderobe abgegeben.
Zu großer seelischer Ballast,
der macht den Menschen nur verschroben.
Wenn du zuviel Charakter hast,
dann laß ihn an der Garderoben.
Was nützt des Menschen großer Geist,
wenn er ein Hindernis im Leben?
In vielen Fällen wird er meist
an der Gardrobe abgegeben.
Inmitten Mänteln sitze ich
und lass die Zeit vorüberrinnen.
Sehr viele, die bedauern mich,
doch ich bedaure die da drinnen.
Von Langweil kenn ich nicht die Spur,
die Ruhe ist für mich Erbauung.
Der Hund lebt nicht von Knochen nur,
er hat auch seine Weltanschauung.

Bildung

Ich saß im D-Zug. Vis-à-vis
ein Gent mit Pranken wie Zinnober.
Er schnalzt' und schmatzte wie ein Vieh.
Die Suppe kam und auch der Ober. –

Der Kavalier beschloß den Schmaus,
entschlürft den letzten Rest dem Glase,
dann zog er einen Spiegel raus,
drückt einen Pickel aus der Nase,

steckt dann den Finger in den Mund.
Mit einem Kopfnick, einem leisen,
und einem Rülps aus Herzensgrund
sprach er: »Ich wünsche wohl zu speisen.«

Der Zäisig aus der kalten Häimat

Der Haerbst is da. Ojeh – ojeh.
De Blaetter fallen un der Schnee.
Das is fir mich de schlimmste Zäit,
waenn's hier im Walde friert un schnäit.
Ich pfäif schon immer läiser,
bald bin ich schon ganz häiser.
De Bäinchen sind ganz stäif un starr,
ich läide so am Brustkatarrh.
Ich armer, kläiner Zäisig
bin hintenrum ganz äisig.
De Sterche un de Schwalben ziehn
zum Sieden, wo de Palmen blihn.
Se kommen wieder erst im Mäi,
doch ich bläib mäiner Häimat treu.
Äin altes, gutes Sprichwort lehrt:
»Äin äigner Herd is Goldes wert.«
Bäi mir is das jrad umjekehrt.
Der wäiß, wer kalte Bäinchen kennt,
was nidzt äin Herd, wenn er nich brennd?
Nu sitz ich da im Kummer
un warte auf den Summer.

Enzian-Sinfonie

Der Gletscher gletscht im Abendsonnenschein.
Es latscht im Schnee ein altes Stachelschwein.
Im Rasen blüht der (die das) blaue Enzian.
Es kriecht den Berg hinauf die Rigibahn.
Kling klang. Kling klang.

Ein Mönch führt uns ins Klösterli hinein.
Das Stübli liegt im frommen Dämmerschein.
Grüß Gott. Grüß Gott.
Im Hintergrund blökt eine Alpenkuh.
Das Glöckli läutet feierlich dazu.
Blim blam. Blim blam. Muh muh.

Ein guter Wirt ist jener fromme Mann.
Im Glase duftet fein der Enzian.
Helf Gott. Helf Gott.
Die Nasen glühn, wir singen kräftiglich,
der brave Mönch, das Stachelschwein und ich.
Hurra. Halleluja, für dich.

Von oben lächelt hold Helvetia.
Von unten grinst des Teufels Großmama.
Im Hofe kräht der Hahn schon Kikeriki.
Es säuselt sanft die blaue Sinfonie.
Grüß blam. Klang muh. Kling Gott.
Hallemuh. Blim ja. Kling blam.
Plemplem. – – –

Heimkehr

Ich kam zurück nach vielen, langen Jahren,
nachdem ich fast die halbe Welt durchquert.
Gott grüße dich, du trautes Heimatdörflein,
zu kurzer Rast bin ich hier eingekehrt.

Ich such die alten, wohlbekannten Wege.
Die Kindheit wird mir plötzlich wieder wach.
Ich höre klappern noch wie einst die Mühle
und seh den Dorneburger Mühlenbach.

Im Geiste seh ich mich im Kuhkamp tummeln
bei frohem Spiel, mir ist's, als sei es heut,
reib unwillkürlich meinen Hosenboden,
den mir Herr Schmidt so oft verbleut!

Doch Kolonien hat hervorgezaubert
aus Sumpf und Moor der Fortschritt der Kultur.
Verschwunden ist das alte Zwiebelgäßchen,
nur die Erinnerung deutet mir die Spur.

Verschwunden ist vom Markt die Bismarckseiche,
die Siegessäule – alles ist mir fremd!
Ein Jungfernbrunnen? – Was erspäht mein Auge?
In Eickel? – Ich bin sprachlos! – Ohne Hemd?!

So lenk ich sinnend weiter meine Schritte
und schlendre langsam nun volksgartenwärts.
Das Paradies von Eickel soll ich sehen! –
Froh unter meinem Wams schlägt mir das Herz.

Auch hier ist nichts mehr wie in früheren Tagen,
verstört schau ich das trockne Teichbett an.
Mir ist's wie Lohengrin: »Nie sollst du mich befragen.«
Fort ist der Ritter Berkermann und auch der Schwan!

Es rühret mich der Anblick schier zu Tränen,
zum Wellblechhäuschen eil ich, weil es Zeit.
Von ferne winkt mir schon das Schild »Für Männer«.
Auch dort schon waltet die Vergänglichkeit.

Man drückt verschämt sich scheu in einen Winkel,
kein'n Schutz vor Späherblicken man hier hat.
Durch alle Ritzen pfeifen hier die Winde.
Noch ungenierter wie 'n Familienbad.

So zieh ich heim auf unbekannten Wegen,
und unter schwerem Seufzer ruf ich aus:
»Mein Eickel, du, ich wünsch dir Heil und Segen,
dem Volksgarten ein neues Wellblechhaus!«

Bauern-Weisheit

Zum Pfarrer kommt ein Bauersmann,
bestellt das Aufgebot sodann.
Erzürnt der Pfarrer zu ihm spricht:
»Aber Huber, nein, das geht doch nicht.

Ihr seid doch alt und auch schon grau,
Ihr paßt doch nicht zur jungen Frau.
Was sollen sagen denn die Leut,
wenn Ihr als alter Mann noch freit.«

»Ach«, sett der Buer, »datt is ja Quatsch,
wat gev eck um den Wiewertratsch.
Datt stimmt ja woll, eck bin ja olt,
doch mine Beene sind so kolt,
wenn eck det Abends so allein
in meine Klappe krieche rein.«

Drauf sagt der Pfarrer väterlich:
»Da weiß ein gutes Mittel ich.
Ihr wärmt an einem Ziegelstein
des Nachts in eurem Bett die Bein'.«

»Ach«, sett de Buer, »gäit mie bloß met de Stäine weg.
Die häwt für mie gar keinen Zweck.
Äin einzger Wiewerschinken oder zwei
hät mehr Hitz' wie 'ne ganze Dampfziegelei.«

Stoßseufzer

Es heult der Wind, der Regen planscht hernieder.
Grau ist der Tag, und grau sind meine Lieder.
Des Lebens Wonnebecher schmeckt, oje,
wie kalter Wiesenschaumkrautwurzelspitzentee.

Gruß vom Kegelfest

Mein lieber Sohn!
Es rollt der Ball die Bahn entlang.
Es rollt das Schicksal seinen Gang.
Jedoch ein echter Mannesmut
den Schicksalsball selbst lenken tut.
Man schiebt den Ball mit Kraft hinein.
Ein Schub! Heureka! Alle neun!
Auch Du, mein Sohn, sei drob erpicht,
daß stets Dein Ball den König trifft.
Das ist des Kegelbruders Stolz.
Mit dreifach donnerndem »Gut Holz«
Dein treuer Vater!

An einen alten Hut

Mein alter Freund, wohlan, es geht ans Scheiden!
Vor Gram mir in den Bart die Zähre fließt.
Der Jammer wird mein Herz zu Häcksel schneiden,
weil du, für ewig, nun von dannen ziehst.
Wie siehst du aus? – Verwittert und verwettert.
Die Faust der Zeit hat dich total zerschmettert.
Und die Figur, sie ist verlebt, veraltet,
das Antlitz gramdurchfurcht und mannigfaltet.
Die inneren Organe sind verrutscht,
die stramme, steife Haltung ist entfutscht.
Du bist so blaß. Wo ist dein Glanz aus sonn'gen Tagen?
Das Mißgeschick hat dir den Schädel eingeschlagen.
Dein corpus ist benarbt, wohin ich greif,
und ausgewandelt ist dein Lebensschweif.
Du wolltest mit dem Kopfe durch die Wand,
drum hast du dir die Hörner eingerannt!
Das kommt davon, du hast gelebt zu klotzig.
Das Schicksal rächt sich an dir rigorozig.
Wärst du solider, ging es dir heut nie so.
Die Folgen folgen später eo piso! –
Und schön war's doch, das läßt sich nicht bestreiten.
Aber hin ist hin. Die Zeiten sind jetzt fleiten.
Weißt du noch, als wir einst voller Jugend prunkten?
Und als wir beide auf die Brautschau jungten? –
Du hingst diskret an dem Garderobenständer.
Du sahst herab auf Spitzen und auf Bänder.
Du sahst es, wie ich schwelgt' im Liebesglück,
und schautest zu mit zweischläfrigem Blick.
Wenn es dann dunkel ward in dem Gehäuse,
poussiertest du mit deiner Freundin, der Pleureuse.
Am nächsten Morgen hab ich höflichst dich gelüftet,

dann sind wir beide heimlich, leis verdüftet! –
Und weißt du noch, du gute, alte Dohle,
wenn beide wir mal voll vom Alkohole?
Wie du auf meinem Kopf umherbalanct
und wie ich heimwärts bin mit dir geschwankst? –
Weißt du die Straße noch, die unerhellte,
wo ein Laternenpfahl sich in den Weg uns stellte?
Mir war zumute damals noch, du weißt,
als hätt ich ein'n Laternenpfahl verspeist.
Acht Tage ward ich den Geschmack nicht los.
Mein Essen schmeckte nach Laternenpfählen bloß!
Verbogen war nach rechts die Krempe dein,
und als Pendant nach links mein Nasenbein!
Dein Rand hielt schützend meinen Deetz umfangen.
Nichts ist dir über deine Nabelschnur gegangen.
Treu hast du mich behütet und behutet,
und wieviel Blödsinn hab ich unter dir gebrutet!? –
Was mach ich nun? Laß ich dich marinieren?
Vielleicht dich gerben oder balsamieren? –
Vielleicht begraben oder ein dich äschern? –
Oder dich kandieren und als Zuckerhut vernäschern? –
Oder ins Museum bringen, daß dich noch manch
Jahrhundert
wie einst des Landvogt Geßlers Hut bewundert? –
Du seufzest schwer in deinen letzten Zügen.
Bald wird dein Geist zum blauen Äther fliegen.
Nie wieder deckst du meine Hirnkabuse.
Mir bebt vor Rührung meine Tränendruse. –
Du röchelst schwer. Mit bangverzerrter Miene
entflieht dein Odem vom Javol und Brillantine!
Doch tröste dich, mußt du auch von mir gehen,

vielleicht wirst du als Kaiserkrone wiederauferstehen.
Vielleicht als Hochzeitshut von einem reichen Manne,
vielleicht als Haubenlerche oder Badewanne. –
Eins wünsch ich nur: Kommst wieder du zur Erden,
sollst du hier einstmals keine Punschterrine werden.
Heut fühle ich, wie weh das Scheiden tut.
Leb wohl, mein Freund. Mein guter, alter Hut!!!

Die Wühlmaus

Die Wühlmaus nagt von einer Wurzel
das W hinfort, bis an die -urzel.
Sie nagt dann an der hintern Stell
auch von der -urzel noch das l.
Die Wühlmaus nagt und nagt, o weh,
auch von der -urze- noch das e.
Sie nagt die Wurzel klein und kurz,
bis aus der -urze- wird ein -urz--.

Die Wühlmaus ohne Rast und Ruh
nagt von dem -urz-- auch noch das u.
Der Rest ist schwer zu reimen jetzt,
es bleibt zurück nur noch ein --rz--.
Nun steht dies --rz-- im Wald allein.
Die Wühlmäuse sind so gemein.

Hunde hinter dem Zaun

Du gehst als stiller Wandersmann durch die Welt
und wirst immer von Hunden angebellt.
Hinter jeder Hecke kläfft ein Hund
ganz ohne Grund.

Du wanderst die stille Dorfstraße entlang,
gar nichts Außergewöhnliches ist an deinem Gang.
Du bist ein ganz einfacher, friedlicher Wandersmann.
Freundliche Menschen grüßen dich, andere glotzen dich an.
Aber hinter jedem Zaune bellt ein Hund
ganz ohne Grund.

Du lockst ihn freundlich, damit du seine Sympathie
gewinnst,
der Hund kläfft noch mehr, er ist im Dienst.
Er ist sozusagen ein amtlicher Hund,
darum bellt er ohne Grund.

Der gleiche Hund, der hinter dem Zaun wütend bellt,
ist außerhalb des Zaunes der friedlichste von der Welt.
Nicht friedlich allein, nein, meist sogar feig.
Geh still deines Wegs, spuck aus und schweig.
Es ist kein Grund, sie darum zu hassen –
Hunde im Dienst soll man bellen lassen.

Vorm Schlafengehen

Verdammt, da liegt die Sonne schon wieder auf der
Türkenstraße.
Als ich noch Pferdejunge war, ging ich um diese Zeit zur
Schicht.
Aber so ändert sich alles einmal auf Erden.
Man kriegt Schwielen an der Seele und eine rote Nase,
und meine Stiefel sind auch nicht mehr ganz dicht.
Aber nur nicht reich und kein Philister werden.
Ob ich noch mal das Grammophon aufdrehe?
Lieber nicht. Aber noch schnell mal am Korken lutschen.
Mein Nachbar nebenan ist schon erwacht.
Mein Schlummerlied klingt wie der Song einer Nebelkrähe.
Ach, die ganze Welt kann mir den Buckel runterrutschen.
Heute abend ist wieder ein neuer Tag. Gute Nacht!

Ein Wiedersehen

Als junger Fant – warum soll ich mich loben? –
führt ich ein Leben ziemlich stark bewegt.
Das Geld war knapp, ich trug meist Garderoben,
die schon von Kavalieren abgelegt.
Der Spätherbst kam, und rauhe Stürme pfiffen
durch meinen Sommeranzug, der zerfranst, zerfetzt.
Mein Winterulster war stark abgegriffen –
was schlimmer noch – er war seit Mai versetzt!
Ich sann und sann und zählte die Moneten
und zählte seufzend abermals – und sann.
Dann bin ich vor den Spiegel hingetreten,
sah kritisch mich von vorn und hinten an!
Ich schloß die Augen, von dem Glanz geblendet,
die Knie und Ärmel mächtig durchgeknickst.
Ihn wenden? Wie? – Er war ja schon gewendet.
Der Hosenboden glänzte wie gewichst!
Was tun? So würde Zeus da ratlos fragen.
Jedoch mein Busen hoffnungsfroh sich hebt.
Warum soll ich denn keinen Gehpelz tragen,
wo doch der alte Moses Silberpfennig lebt?!
Gedacht, getan. Ich eilt zu Silberpfennig,
der mich als alten Kunden gleich erkennt.
Na, kurz und gut, nach einiger Zeit schon renn ich
hinaus im Pelz, schon eingepuppt als Gent.
Die Ärmel paßten in der Länge leidlich,
wer nicht scharf hinsah, merkt' es nicht direkt.
Der Rücken war jedoch hinlänglich weitlich.
Wer weiß, wer wohl vor mir darin gesteckt!
So stand ich in Gedanken tief versunken
in meinem Gehpelz, der so wohlig warm,
und mich bewundert, freudig, wonnetrunken –
da rauscht' ein Paar vorüber, Arm in Arm.

Der Herr, sehr elegant, ein alter Dicker,
die junge Dame kam bekannt mir vor.
Er mustert mich durch seinen goldnen Zwicker,
dann raunte er der Dame in das Ohr:
»Siehst du den Gehpelz, Frauchen? Dort, den kenn ich.
Wie selbstbewußt der junge Fant ihn trägt.
Den hatte ich verkauft an Silberpfennig,
vor unsrer Hochzeit ward er abgelegt!«
Ich dreht mich um, blieb stehen vor dem Dicken,
sah mir genauer mal die Dame an,
maß dann den Kavalier mit meinen Blicken
und sagte voller Seelenruhe dann:
»Verehrter Herr, was gibt es da zu lachen?
Von solchen Dingen spricht man nicht so laut.
Sie stecken grad wie ich in abgelegten Sachen,
denn Ihre Frau war vormals meine Braut!!!«

Die arbeitsscheue Ameise

Es war einmal eine Ameise, die war anders als die andern.
Sie brötelte eigen für sich hin,
hatte kein Interesse am Arbeiten und Wandern,
kurz eine richtiggehende Müßigkriecherin.
Das hat ihre Stammesgenossen sehr verdrossen.
Es wurde eines Tages der Beschluß beschlossen,
jeglichen Verkehr mit ihr abzubrechen
und ihr die bürgerlichen Ehrenrechte abzusprechen.
Sogar die Bienen mischten sich in die Sache hinein.
Sie schimpften die Ameise ein faules Schwein,
und sie habe das Ansehen des ganzen Standes
 kompromittiert
und werde darum von der Klasse A in die B-Klasse
 degradiert.
So wurde auf diese natürliche Weise
aus der Ameise eine Bemeise.
Das nahm sich die Sünderin sehr zu Herzen
und versuchte, die Schande wieder auszumerzen.
Sie ging in ein Kloster zu dem strengen Hampittel-Orden
und ist später Ameisenmissionar bei den abessinischen
 Termiten geworden.
Weil sie sich auf diesem Posten sehr bewährt,
wurde sie von der Bemeise zur Ia-Ameise erklärt.
Dornen und Disteln stechen sehr,
aber Orden und Titel noch viel mehr.

Frühling wird's

Es blüht das fernste, tiefste Tal,
so sang schon Manu Geibel.
Drum, armes Herz, vergiß der Qual,
den Winter hol der Deibel.
Jetzt huppen auf den Pegasus
die faden Reimbanausen.
Jetzt ahnt selbst ein Rhinozerus:
»Es naht der Lenz mit Brausen!«

Frühling ist's

Frühling ist's! Die Hennen glucksen.
Veilchen raus – und weiße Buxen.
Frauen schnüren sich geringer,
und der Bauer schiebt den Dünger.
Fliegen klettern unverdrossen
auf den Nasensommersprossen.
Ringsum blüht's an allen Hecken –
und es riecht aus den Ap'theken.
Ich steck mir voll Übermut
'nen Sonnenstrahl an meinen Hut.
Freudig jubeln und frohlocken
Kirchen-, Kuh- und Käseglocken.
Frühling wird's mit Vehemenz.
Auf grünen Filzpantoffeln naht der Lenz!

Schwermütiger Abend

Ich habe mir den Abend, ach, so wundervoll gedacht,
jedoch das Schicksal hat ihn mir komplett kaputtgemacht.
Der Himmel hängt voll grauer Tränensäcke.
Ein Windbeinkleid pfeift stürmisch um die Ecke.
Die Zitterpappel zittert mit dem Hinterteil.
Die Trauerweide grüßt mich: Trauerweidmannsheil!
Es schluchzt die Nachtigall beim Mondenscheine,
sie klagt so über Nachtigallensteine.
Auch die Glühwürmchen funktionieren nicht,
dieweil es ihnen an dem Hinterlicht gebricht.
Und dann die Mücken – Mücken –, nichts als Mücken.
Man soll's nicht glauben, wie die Mücken jücken.
Sogar der gute Mond nimmt ab – statt zu,
und über allen Wipfeln ist mehr Un- als Ruh.
Im Teiche höre ich die bösen Unken unken.
Es klingt, als lachten sie mich aus, diese Halunken.
Doch tröst ich mich: O armes Herz, verzage nicht.
Der Esel geht so lang zum Brunnen, bis er bricht.

Der Löwenzahn

Auf der D-Zug-Strecke zwischen Pasewalk und
Neuruppin,
wo die Pfefferkuchen wachsen und die Bilderbogen blühn,
steht ein Löwenzahn ganz einsam mitten mang
Kies und Schwellen auf dem Schienenstrang.
Weite Weiden breiten sich zu beiden Seiten,
darauf blühen Löwenzahn an -zahn.
Mittendurch schiebt sich die Eisenbahn
holz- und polsterklassig in die Weiten.
Nur der eine Löwenzahn steht frei und frank,
funkelnd wie ein neues Goldstück gelb und blank,
mitten auf dem Schienenstrang.
Lülam steht am Fenster jenes Ortes,
wo ein jeder tun und lassen kann, soviel und was er will,
steht am Fenster und zerbricht sich still
seinen Kopf im wahrsten Sinn des Wortes
über jenen Löwenzahn dort auf dem Schienenstrang.
Hin und her erwägend, überlegt er stundenlang:
Wie kommt dieser Löwenzahn so einsam mitten mang
Kies und Schwellen auf den Schienenstrang?
War es von dem Löwenzahn ein Akt der Eitelkeit?
Warum hat er sich von den Genossen isoliert?
Ob vielleicht der Feigling ausgerissen,
nur aus Furcht, daß er von einer Kuh gebissen?
Oder hat ihn nur der Zufall dorthin transplantiert?
Oder war es von dem Löwenzahn
weiter nichts als purer, dummer Größenwahn?
Schitt. Was geht es mich an? Laß ihn stehn,
so denkt Lülam schließlich und läßt den Gedanken fallen.
Draußen mahnt 'ne laute Stimme: Aussteigeen! –
Statt in Neuruppin war Lülam in Pillkallen.
Auf dem Bahnsteig sitzend, harrt er in Geduld

bis zum Morgen auf den Rückzug schließlich.
Zählt die Sterne, brummt dabei verdrießlich:
»Der verdammte Löwenzahn ist daran schuld!«

Warzenschwein in der Sonne

Diogenes träumt in der Tonne,
entfloh der alltäglichen Hast.
Der Schwärmer träumt von der Ethik.
Der Künstler träumt von Ästhetik.
Die Dame träumt von Kosmetik,
gefoltert im Schönheits-Salon.

Das Warzenschwein träumt in der Sonne,
gebadet zuvor im Morast.
So rein ist sein schweinernes Herzchen,
es kennt weder Sorgen noch Schmerzchen
und träumt von unzähligen Wärzchen.
Ein jeder nach seiner Fasson.

Einem Freund ins Stammbuch

Hat dir der Frühling ein Blümlein gesandt,
wenn es auch winzig und klein,
frag nicht, in welchem Garten es stand.
Freu dich – das Blümlein ist dein.

Hat dir das Schicksal ein Mädchen beschert,
das dir sein Herz freudig gibt,
frage nicht, ob es dir ewig gehört.
Küßt euch – solang ihr euch liebt.

Hat dir das Glück einen Menschen gesandt,
der dich als Mensch liebt und ehrt,
den du als wirklichen Freund hast erkannt,
das ist ein bleibender Wert.

Er teilt deine Freude – trägt mit dir dein Leid,
weil er dich niemals verläßt.
Drum freu dich des Blümleins – und küsse die Maid,
aber den Freund halte fest.

Meinem Irmilein zum Geburtstag

Unsre stille, kleine Hütte
in der Blütenbäume Mitte
strahlt gleich einem Festpalast.
Horch, die Glocke von dem Türmlein
klingt für Dich, mein liebes Irmlein,
weil Du heut Geburtstag hast.

Veilchen kommen aus Verstecken
zwischen grünen Gartenhecken,
sehn Dir freundlich ins Gesicht.
Schau, wie sie dort anmarschieren,
um Dir heut zu gratulieren,
Primeln und Vergißmeinnicht.

Alle Blümchen, die Du hegtest,
alle Bäume, die Du pflegtest
sorgsam mit der kleinen Hand,
grüßen Dich – und wie ein Wunder

Fliederstrauch und der Holunder
stehn vor Dir als Gratulant.

Fink und Drossel in den Zweigen
musizieren zu dem Reigen,
selbst im Starennest tönt's leise: »Piep.«
All die kleinen Musikäntchen
bringen ein Geburtstagsständchen,
denn sie haben Dich so lieb.

In der stillen, kleinen Hütte,
in der grünen Bäume Mitte
alles für Dich lebt und blüht.

Weil ich selbst nichts weiter habe,
so nimm als Geburtstagsgabe
einen Kuß und dieses Lied.

Am Spitalfenster

Ich hocke still am Fensterplatz,
vermickert wie ein kranker Spatz.
Unproduktiv und flügellahm,
mit etwas Grimm – gemischt mit Gram,
so schau ich aus dem Fensterlein
nachdenklich in den Lenz hinein.

Acht Wochen Bett ist eine Qual,
selbst im gemütlichsten Spital.
Der Doktor lächelt: »Nur Geduld.«
»Ja, ja, ich weiß – bin selber schuld.«

Der Herrgott hat »Du, du!« gemacht
und hat gesagt: »Nimm dich in acht,
paß auf, du kleiner Bösewicht,
meinst du vielleicht, ich seh dich nicht?
Da leg dich hin, prüf in Geduld
die Temperatur und deine Schuld.«

Als man mich brachte in der Früh,
da pfiff ein Vogel »Chir – ur – gie –«
Dann schmolz der Schnee, es ging vorbei,
und hinterm Zaun lacht jetzt der Mai.

Ein Vöglein singt: »Ki – witt – ki – witt!«
Mein Stiefel winkt: »Komm mit! Komm mit!«
Wie schnell man einen Schmerz vergißt,
wenn dieser erst vorüber ist.
Aus Süden grüßt ein Sonnenstrahl
mich und die Nachbarn im Spital.

Elefanten-Schlummerlied

Schlafe, mein Elflein, schlaf ein.
Alle die Sternlein sind dein.
Ringsum im Dschungel ist Nacht.
Kein Rundfunk pfeift hier und kracht.
Schließe die Guckäugelein.
Schlafe, mein Elflein, gut Nacht.

Schlafe, mein Elflein, schlaf ein.
Noch ist dein Rüssel so klein.
Beim Menschen und beim Elefant
der Rüssel wächst mit dem Verstand.
Oft wächst nur der Rüssel allein.
Schlafe, mein Elflein, schlaf ein.

Schlafe, mein Elflein, schlaf ein.
Noch ist dein Fell zart und fein.
Später wird's hart, du wirst sehn,
willst du im Leben bestehn,
mußt du ein Dickhäuter sein.
Schlafe, mein Elflein, schlaf ein.

Elflein, nun schlafe gesund.
Schlaf wie der Völkerbund.
Werden die Menschen zu roh,
wandern wir aus in den Zoo,
wo uns der Tierschutz bewacht.
Schlafe, mein Elflein, gut Nacht.

Monolog eines asthmatischen Regenwurms

Oh, warum hat man mich als Regenwurm geboren,
mit keinen Federn, keinen Borsten, keinen Hooren?
Ich steck im Dreck, ob's regnet oder stürmt.
Ach, wie mich armen Wurm das furchtbar würmt.
Die andern Tiere können laufen, schwimmen oder fliegen.
Ich muß mit nacktem Bauche auf dem Boden liegen
und schiel nach oben, seufz betrübten Blicks:
Ich kann bloß husten, weiter kann ich nix.

Von kleinen Kindern und den größten Idioten
werd ich getrampelt und in den Kot getroten.
Mir hilft kein Teufel und kein Gott in meinem Weh.
Mich schützt kein Paragraph, nicht mal die Heilsarmee.
Ich muß mich hüten vor den Hühnern und den Spatzen,
denn wenn die kratzen, dann muß ich mein Leben latzen.
Ich bin ganz wehrlos, wenn man mich erwischt,
ich kann bloß husten, weiter kann ich nischt.

So muß ich mich durch dieses Dasein schieben.
Oh, warum hat man mich nicht lieber abgetrieben?
Was soll ich hier, ich arme Mißgeburt?
Mein Elend schlägt bestimmt den Weltrekurd.
Ich möchte auch mal gern im Flugzeug sitzen
und niederschaun auf meine Jammerpfützen.
Das kann nicht sein, mein Leben ist verpfuscht.
Ich kann bloß husten, weiter kann ich nuscht.

Wenn einst vorbei ist dieser Erdenrummel,
dann komme ich vielleicht auch einmal in den Hummel.
Dort werde ich erst meines Lebens froh.
Ich sing den ganzen Tag »Hallelujo«.
Wenn dann der Petrus kommt und leuchtet mit der Kerze,

durchsucht nach Sünden mir mein kleines Herze,
sag ich zu ihm verklärten Angesichts:
»Ich tat bloß husten, weiter tat ich nichts.«

Rat

Willst du deine Nase in das Leben stecken,
merke dir das eine unbedingt:
Nur nicht ängstlich werden, nur nicht gleich erschrecken,
wenn es drinnen auch ein bißchen stinkt.

Wag es nicht, die Wahrheit aufzudecken,
wenn nur draußen die Fassade blinkt.
Nur nicht ängstlich werden, nur nicht gleich erschrecken,
wenn es auch dahinter noch so stinkt.

Tonangebend sind die Fatzken und die Gecken,
küß die Hand den Fraun gepudert und geschminkt.
Nur nicht ängstlich werden, nur nicht gleich erschrecken,
wenn es drunter auch nach Talmi stinkt.

Füll die Taschen dir aus fremden Bettelsäcken.
Mag der Plebs verrecken, wenn die Münze klingt:
Nur nicht ängstlich werden, nur nicht gleich erschrecken,
wenn sie auch nach Schweiß und Armut stinkt.

Übe dich im Kriechen und im Speichellecken.
Wenn dein Chef dir mit dem Hintern in die Fresse
springt:
Nur nicht ängstlich werden, nur nicht gleich erschrecken,
wenn es drinnen auch ein bißchen stinkt.

Das Verläßliche

Mag man dich lieben, mag man dich hassen,
was auch im Leben immer geschieht,
mögen dich Frauen und Freunde verlassen,
treu bleibt dir doch der Suff und das Lied! –

Man liegt im Gras

Man liegt im Gras, vollkommen weltenthoben.
Die Nase ragt geruhsam träumerisch gen oben.
Man riecht den Klee und was da sonst noch blüht,
man schaut der Wolke nach, die grad vorüberzieht.
Die Wolke kommt mir vor wie eine große ganze
Schaukelpferdherde mit 'nem Ringelschwanze.
Allmählich wird die Wolke dann halbiert, entzweit,
entdreit und subtrahiert.
Mein Onkel würde sagen: »So wie dieser Wolke
erging es unter Attila dem Hunnenvolke.«
Doch mir persönlich macht die Völkerkunde keinen Spaß,
und Politik paßt nicht ins grüne Gras.
Viel schöner ist's, müßig und barfuß dazuliegen
und in den Himmel schauen, der so überlebensgroß.
In meinem Haar vermählen sich zwei Fliegen,
die kleinen Biester sind ganz hemmungslos.
Was mögen sich die kleinen Fliegen denken
bei ihrem tollen Liebesbacchanal?
Ich stör sie nicht. Warum soll ich sie kränken?
Wer Liebeslust kennt, kennt auch Liebesqual.
Wenn ich sie störte, würd' mein Herze bluten.
Der Liebeslenz verpufft mit einemmal.
Der Sommer dauert nur ein paar Minuten.
Die ersten Raben singen ihren Herbstchoral.

Wo ich wohne

Da, wo ich wohne, wohnt ein Trompeter,
der bläst die Posaune bis abends, dann geht er
und bläst Klarinette im Opernorchester,
dann jammert sein Köter, dann kommt seine Schwester
hinein in den friedlichen Abend gezogen,
mit Schreker und Reger, per Fiedel und Bogen.
Dann brüll ich verzweifelt mit Vollkraft der Lunge:
»Ruhe da vorne, mein Laubfrosch kriegt Junge!«

Da, wo ich wohne, wohnt auch ein Sänger,
der probt erst »Mi-mi«, dann länger und länger
sich schaurige Töne der Kehle entringen,
dann kommen die Schüler, die lernen hier singen.
Mal brüllen sie einzeln – und manchmal in Horden,
es bebt die Tapete von all den Akkorden.
Ich ringe die Hände und bitte die Schreier:
»Ruhe dahinten, mein Piepmatz legt Eier!«

Da, wo ich wohne, wohnt auch ein Pärchen,
das flittert schon seit einem Dreivierteljährchen.
Von abends bis morgens erzittert der Boden
nach Herrn van de Veldes gesamten Methoden.
Ich sitze dann so da und höre das Pärchen
und lese in meiner Verzweiflung Grimms Märchen.
Wenn's manchmal zu toll wird, beginn ich zu wüten:
»Ruhe da drüben, mein Kaktus kriegt Blüten!«

Unlautere Konkurrenz

Zehn Mark zahlt man für eine Fuhre Ochsenmist,
und zwanzig Mark zahlt man für ein Gedicht.
Ein Ochse sagt bewundernd zu dem Humorist:
»Solch edlen Mist vollbring ich leider nicht.«
Ein alter Bulle, der dies angehört,
brummt ärgerlich in sehr gereiztem Ton:
»Darf das denn sein? Ich protestier empört.
Wo bleibt denn da die Preisstopp-Kommission?«

Schnecke auf Brautschau

Eine Schnecke scheint uns temperamentlos und apathisch,
und ihr Liebesleben dünkt uns äußerst problematisch,
doch es wäre weit gefehlt und beinah idiotisch,
anzunehmen, daß die Schnecke unerotisch.
Allerdings, aus den erschwerten Tempogründen
kann nicht leicht ein Herz zum andern finden,
denn bevor im Lenz das rechte Paar beisammen,
sind im Herbst verlöscht der Schnecke Liebesflammen.
Um das Suchen und den Zeitverlust zu sparen,
kam Frau Mütterlein Natur auf ein Verfahren
und versah die Schnecken beiderleigeschlechtlich.
Das vereinfacht so die Sache ganz beträchtlich.
Hat die Schnecke nun ihr Herz im Mai verloren,
gibt sie ihrem Sexus, mit Verlaub, die Sporen,
und es findet irgendwo an einer Hecke,
sei es, wer es sei, auf jeden Fall der Schneck die Schnecke.
An dem Find sind beide beiderseits beteiligt,
denn die Mittel, so auch hier, sind durch den Zweck
geheiligt.
Dieser anomale Vorgang ist nicht zu bekritteln,
er geschieht legal und mit erlaubten Mitteln.
Was uns einerseits vereinfacht scheint, ist doch unendlich
schwierig, unbequem und sehr umständlich.
Man bedenke: Mit dem Wolkenkratzer auf dem Rücken
jene Früchte von dem Baum des Lebens pflücken.
Eine Schnecke kommt bei ihrem Liebesspiele
wenn auch langsam, aber immerhin zum Ziele,
denn bei etwas Umsicht und mit gutem Willen
läßt sich auch das schwierigste Gesetz erfüllen.
Der Philister schimpft empört im höchsten Grade:
»Pfui, wie schlüpfrig sind der Schnecken Liebespfade!«
Abends denkt er, wenn er vor dem Spiegel sich besichtet:
Eigentlich sind doch die Schnecken praktisch eingerichtet.

Abendstimmung

Der Forst ruht still. Still ruht der Forst.
Der Adler schnarcht in seinem Horst.
Die Adlerin seufzt tief und schwer,
sie denkt an einen Ade-ler.
Die Wildsau sanft im Traume grunzt.
Der stolze Hirsch hat ausgebrunst.
Die Eule ihr Gefieder spreizt.
Das Käuzchen sitzt im Baum und käuzt.
Der alte Förster Eduard
ging längst zu Bett, indes sein Bart
liegt sorgfältig und höchst apart
auf dem Plumeau breit aufgebahrt.
Der Mond schaut durch das Fenster zu,
und über allen Bettzipfeln herrscht Ruh.

Astronomische Gastronomie

Am blauen Himmel hängt der Sonnenkloß.
Er ist so gelb, so kugelrund und groß.
Allmählich neigt er sich hinab zum Meere,
dann tunkt er in die riesige Sauciere.
Ganz hinten lauert schon die schwarze Nacht.
Sie hat ihr Drachenmaul weit aufgemacht,
verschluckt mit einem Happs das Sonnenklößchen
mit der Sauciere und dem ganzen Sößchen.
So macht die schwarze Nacht es immerdar,
dreihundertfünfundsechzigmal in einem Jahr
verschlingt sie Tag für Tag mit ihrer Riesenschnauze
den Sonnenknödel mit nebst samt der Sauce.
So ist nun mal der Weltenlauf:
der eine frißt den andern auf.
Ob gastro- oder astronomisch,
auf jeden Fall – ich find es komisch.

Der Künstler an das Publikum

Du kommst mir vor wie meine Braut,
so launenhaft, voll Ränke und Capricen.
Oft hab ich dir ins Aug, doch nie ins Herz geschaut.
Du kannst das Leben mir versüßen und vermiesen.
An jedem Abend haben wir ein Stelldichein,
bei dem du Pünktlichkeit mir stets zur Pflicht machst.
Du kommst mal früh, mal spät, mal bleib ich ganz allein.
Ich schau besorgt, was du für ein Gesicht machst.
Voll Übermut du meine Nerven ruinierst,
ich wühl im Hirn für dich nach neuen Mätzchen
und denk dabei, ob du wohl lächeln wirst. –
Steck in den Mund dir süße Zuckerplätzchen.
Doch du bist unberechenbar in deinem Wahn,
behandelst mich wie den gemeinsten Schurken.
Heut wünschest du Bonbons und Marzipan
und morgen Matjeshering oder saure Gurken! –
Wie ich dich bang ersehne stets, du weißt,
Und dich verhätschele wie eine Puppe.
Doch du buhlst ganz woanders schon im Geist,
ich stehe da und bin dir völlig schnuppe.
Das kommt daher, ich hab dich zu verwöhnt.
Es ist für dich mir keine Wurst zu teuer.
Zum Dank dafür werd ich von dir verhöhnt.
Ich lieb und hasse dich, du süßes Ungeheuer. –
Du kommst mir vor genau wie meine Braut,
wie ich zu Anfang hier sogleich erwähnte.
Mal sagste nichts – und mal bist du zu laut
und hustest immer mir in die Pointe.
Ich habe oft im Geist mir ausgemalt,
wie schön wär ohne Publikum das Künstlerleben!
Wenn mein Direktor ohne dich die Gage zahlt',
hätt ich dir längst den Laufpaß schon gegeben!

Berg- und Talbahn

Noch stehst du da und dünkst dich groß als Held,
schwangst hoch empor dich an des Lebens Leiter.
Gleich purzelst du. Trotzdem geht fort die Welt,
ein andrer klimmt an deiner Stelle weiter.

Rosen in fremden Gärten

Rote Rosen sah ich blühn
in den Parks von Millionären.
Mußte dran vorüberziehn,
weil sie mir ja nicht gehören.

Aber das ist einerlei,
kann mich weiter gar nicht stören.
Daß ich mich an ihnen freu –
dies wird mir kein Mensch verwehren.

Lang schau ich die Rosen an,
Duft und Farben mich betören.
Daß ich daran riechen kann,
wird kein Herrgott mir verwehren.

Ach, ich schätz es so gering,
wem die Rosen dort gehören,
aber daß ich sie besing –
kann kein Teufel mir verwehren.

Gewitterstimmung

Wenn die Schwalben niedrig übers Wasser streichen
und die Tümpelkröte sitzt im Schilf und unkt,
weiß man: Das sind meistens keine guten Zeichen,
weil im Hintergrunde ein Gewitter funkt.
Wenn die dichten Wolken sich zusammenballen,
hüllen uns in eine graue, dunkle Gruft,
wenn die ersten schweren Regentropfen fallen,
seufzt die Großmama: »Es liegt was in der Luft.«

Fern im Osten fängt es langsam an zu wettern.
Hin und wieder hört man einen Donnergroll.
Leise raschelt es in den papiernen Blättern,
und man weiß nicht, was draus werden soll.
Auch im Südost tobt das Dauerungewitter.
Pakt um Pakt wird hier geschlossen und verpufft.
Abends sagt am Stammtisch Michel zu dem Pitter
ganz geheimnisvoll: »Es liegt was in der Luft.«

Oh, wie herrlich, was die Dichter uns verkünden:
Nach dem Regen folgt ein Sonnentag.
Welch ein Glück, daß doch nicht alle Blitze zünden,
und ein Furz, der ist fürwahr kein Donnerschlag.
Ist das Wetter gnädiglich vorbeigezogen,
weht vom Garten her ein frischer Blumenduft,
über Land und Meer erstrahlt ein Regenbogen.
Ein Gewitter ventiliert die dickste Luft.

Der Apfel

Der Apfel ist bekannt als Stifter allen Übels
seit Anbeginn der Welt im Paradies.
Vom Apfel kann ich euch ein traurig Liedchen singen,
wenn ich dran denke, wird mir heut noch mies.
Na, höret zu. Ich liebte einst ein Mädchen,
die Venus war dagegen eine Scheuerfrau.
Das Haar wie Gold. Der Busen Lilienhügel.
Korallenlippen, Augen klar wie Tau.
Ich war verknallt bis über beide Ohren.
Das Allerschlimmste hätt ich ihr verziehn.
Wenn eines Mannes Liebesflammen lodern,
dann schreckt kein Loch im Strumpf des Liebchens ihn.
Es kam die Nacht, die von mir heiß ersehnte,
da ich mit ihr im trauten Kämmerlein.
Ich hörte Seide knistern, hörte Spitzen rascheln,
diskret verlöschte dann der Ampel Schein.
Ein süßer Taumel packte meine Sinne.
Sie gab ihr Schönstes mir – sie wurde mein.
Ich schwelgt' im Wonnerausch. – Sie aber griff zum
Nachttisch,
nahm einen Apfel und biß gleich hinein!
Sie kaut und kaut! – Noch heut hör ich sie kauen,
wie Donnerhall dröhnt's an mein Ohr mit Macht!
Kein Trommelfeuer kann mich so erschrecken
wie dieses Apfelkauen in der Liebesnacht!
Ich sprang kopfüber gleich in meine Hose,
seitdem ist bei mir jeder Liebesborn versiegt.
Ich kann mich nicht für Frauen intressieren,
auf deren Nachttisch auch ein Apfel liegt!
Und jedem Bräutgam rat ich im Vertrauen:
Glaub meiner Lehre, die bestimmt kein Schmus.
Häng deiner Braut den Apfelkorb so hoch wie möglich,
sonst wird die Liebe ganz bestimmt zu Apfelmus!

Der Eskimo

Ich kannte einen Eskimo,
der soff abscheulich und er gros,
doch nicht etwa nur Alkohol,
nein, Walfischtran, dazu Lysol,
gemixt mit viel Petroleum.
Mir drehte sich der Magen um.
Auch soff er furchtbar gern Benzin,
gemixt mit Pfeifennikotin
nebst Buttermilch mit Protargol,
und fühlte sich dabei sauwohl.
Salzsäure soff er einfach pur.
Ja, ist denn das vielleicht Kultur?
Und Renntierblut mit Schnupftabak
ist auch nicht jedermanns Geschmack.
Nach Tagesschluß soff er zu Haus
der Braut das Badewasser aus,
das war für ihn ein Kinderspiel.
Nein, was zuviel ist, ist zuviel.
Denn solches Saufen find ich roh.
Das war, beim Zeus, kein Eskimo,
viel eher schon ein Saufkimo.

Die multiplizierte Tafelrunde

Lülam trank und schwieg und trank und schwieg.
Der Wirt erzählte ihm vom letzten Krieg
und seiner ersten Frau, welche ihm durchgebrannt.
Lülam schwieg und stierte nach einem Bild an der Wand,
»Die Tafelrunde zu Sanssouci«.
Es waren 11 Personen drauf, Lülam kannte sie,
den Alten Fritz, Seydlitz, Ziethen und Voltaire.
Der Wirt erzählte, und Lülam schwieg immer mehr.
Die Kellnerin brachte und lachte papageienhaft.
Lülam trank, schwieg und zählte aus vollster Leibeskraft
die 22 Personen bei der Tafelrunde.
So verflossen Abendstunde um Stunde
im Sande der Ewigkeit.
Lülam zählte und zählte immer wieder
die 44 Tafelrundenmitglieder.
Der Wirt schilderte die hundsmiserable Zeit.
Der Alte Fritz auf dem Bilde blies tapfer die Flöte,
Lülam hielt dieselbe für eine Schalmei.
Voltaire erschien ihm wie Exzellenz von Goethe.
Lülam trank und schwieg und zählte dabei
die 88 Personen auf dem Bild.
Die Kellnerin hatte die Gefäße gefüllt.
Der Wirt sprach von seiner Köchin, die sich mit einem
Postbeamten vermählt.
Inzwischen hatte Lülam 176 Personen gezählt.
Der versechsfachte Alte Fritz schaute vom vielen
Flötenblasen etwas müde drein.
Nach Lülams Meinung konnten es ebensogut 6 Kalifen
von Bagdad sein.
Der Wirt war etwas stiller geworden. Rings roch es nach
Tabak und Bier.
Lülam schwieg und zählte: »702, 703, 704 –«

Die Ziethen und Seydlitze wimmelten wie Mücken an der Wand.
Der Wirt reichte Lülam die Hand und sagte, laut gähnend: »Gute Nacht.«
Lülam erwiderte darauf nach einer Pause: »Tausendvierhundertacht!«
Die stuhlaufräumende Kellnerin meinte, es sei die höchste Zeit.
Aber Lülam war noch lange nicht soweit,
gerade zählte er zweitausendachthundertsechzehn Stück,
und einige kamen ihm vor wie die Hauptmänner von Köpenick.
Er trank und schwieg und zählte in Schweiß sich,
fünftausendsechshundertundzweiunddreißig.
Beim 20. Tausend stand er allein in der Nacht.
Die Tür war hinter ihm zugekracht.
Er trollte sich, ließ seine Blicke, dito Beine vergeblich schweifen
und versuchte, den Hohenfriedberger Marsch zu pfeifen.
Faßte dann aber den Entschluß: »Lasse lieber es sein.«
Auf einem Beet in bunten Stiefmütterchen schlummerte er ein.
Zweimillionenachthunderttausend zählte Lülam.
Indessen wurde es ihm etwas kühl am –
Morgens weckten ihn ein Schutzmann und die ersten Sonnenstrahlen.
Verklärt blinzelte Lülam und lallte: »Fräulein, bitte zahlen!«

Hausfriedensbruch

Ich habe einen Hausfriedensbruch begangen,
indem ich mich in einen Ameisenhaufen gesetzt.
Ich spürte es deutlich an meinen vis-à-visierten Wangen,
ich habe das Ameisenhausfriedensrecht verletzt.
Auch die Ameisen haben ihre Paragraphen,
und zwar halten sie ein sehr strenges Gericht.
Allerdings weiß ich das Maß nicht – nach dem sie
bestrafen,
ob je nach der Größe – oder nach dem Gewicht.
Aber wie dem auch sei – es ist eine ungeheure
barbarische Strafe. Nur wer sie kennt,
kann es ermessen, wie Ameisensäure
an den Weichteilen eines menschlichen Körpers brennt.
Die Schmerzen gehören zu den ganz infamen.
Sie erinnern ans Fegefeuer oder das Jüngste Gericht.
Darum warne ich die verehrten korpulenten Damen:
»Setzen Sie sich niemals in einen –
und der Mensch versuche die Götter nicht.«

Heuschreck im Herbst

Ich sitze traurig unter Herbstzeitlosen
und höre kein Muh-muh und kein Meck-meck.
Es beben meine grünen Sommerhosen.
O Schreck, o Schreck, das Gras und Heu sind weg.
Die rauhen Winde wehn aus Ost und Norden,
und meine Wiesen liegen kahl und leer.
Oh, wie ist es kalt geworden,
und der Husten quält mich sehr.

Verschwunden sind die Käfer und die Larven.
Statt Lerchen hör ich Nebelkrähen nur.
Die lieben bunten Schmetterlinge schlarfen.
Ich bin allein – allein auf weiter Flur.
Die ganze Welt ringsum liegt so verschwiegen
gleich einem öden Bahnhofswartesaal.
Ich möcht in Gras und Blumen liegen
und barfuß gehn im Sonnenstrahl.

Ich hoffe still in meinem Erdenloche:
Der liebe Gott verläßt den Heuschreck nicht.
Ich warte auf die neue Zeitepoche
und singe heiser, bis der Lenz anbricht:
Alles neu macht der Mai.
Freu dich, Schreck, dann gibt es Heu.
Heuschreck, ahoi!

Hund in der Wüste

Ich bin allein auf weiter Flur,
nur Sand und Sand und Wüste nur.
Wohin ich schau kein Baum, kein Strauch,
mir ist so sonderbar im Bauch.
Ich möchte gern mein Beinchen heben
und irgend etwas von mir geben.
Doch rings ist alles flach und kahl.
Kein Eckchen, kein Laternenpfahl,
noch nicht einmal der kleinste Winkel,
wohin ich armer Köter pinkel.
Ja, wenn ich nur ein Bastard wäre,
aber so – geht's gegen die Hundeehre.
Ich bin als edler Hundesohn
ein Opferlamm der Tradition.
Bei meinen Ahnen war's so Brauch,
parole d'honneur, so halt ich's auch.
Ich hätt längst mein Geschäft verrichtet,
doch alter Adel, der verpflichtet.
Nun hüll ich mich in einen Traum,
erträum mir einen schönen Baum,
da mag es dann getrost passieren,
dafür kann ich nicht garantieren.
Im schönsten Frieden schlaf ich ein
und träume: Immer hoch das Bein!

Ehe-pigramm

Das Herz gar mancher Frau ist groß,
hat mancher brave Dichter schon verkündet.
Das stimmt fürwahr. Es ist so groß,
daß oft sogar der eigne Mann ein Plätzchen darin findet!

Liederliches und Lyrisches

Hymne an die Lebensfreude

Ihr Freunde, hebet die Pokale.
Das Gläserklirren hör' ich gern.
Stoßt an mit einer rauhen Schale
und sucht in ihr des Pudels Kern.

Bei uns wird nicht gesplitterrichtet.
Probleme sind unwesentlich.
Hier wird gesungen und gedichtet.
Wem es nicht paßt, der trolle sich.

Nur keine überspitzten Faxen.
Wir reden von der Leber weg,
so wie der Schnabel uns gewachsen,
und meiden den verschmockten Dreck.

Gewiß, es ist zu allen Zeiten
so grundverschieden der Geschmack.
Der eine lauscht dem Klang der Saiten,
der andre liebt den Dudelsack.

Wir freuen uns an allen Tönen,
wenn sie nur klingen klar und rein.
Erbauen uns an all dem Schönen,
selbst wenn es noch so winzig klein.

Der Spatz tschilpt auf dem Mist sein Liedchen,
doch ist es rechte Melodie.
Im Gras ein Gänseblumenblütchen
bringt schönste Frühlingspoesie.

So ist's im Großen wie im Kleinen:
Die Liebe adelt Mensch und Ding.

Nur große Nullen, die verneinen
und schätzen Gott und Welt gering.

So leben wir in jungen Jahren,
daß wir es später nicht bereun,
und können uns mit weißen Haaren
an einem Märchenbuch erfreun.

Es gibt im Leben soviel Sachen,
die dünken mich skurril, bizarr.
Wenn nur die Narren dürfen lachen,
dann bin ich wohl der größte Narr.

Du herrlich schönes Weltgebäude,
dir widmen wir zum Dank den Toast
für jedes Stücklein Lebensfreude.
In diesem Sinne, Freunde, prost!

Der Philosoph ohne Regenschirm

Es ist nicht alles schön auf dieser wunderschönen Welt,
Novemberstürme gibt es auch im Monat Mai.
Beschimpfe nicht den Regen, der auf dich herniederfällt,
bedenk: Der meiste Regen fällt an dir vorbei.

Regeln mit Ausnahmen

Nicht jeder ist ein Dichter, der Gedichte macht,
nicht jeder ist ein Narr, den man belacht.
Nicht jeder ist ein Streber, der sich irrt,
nicht jeder, der sonst gar nichts wird, wird Wirt.
Nicht alles ist Gewissen, was uns mahnt,
nicht jeder ist ein Lohengrin, dem etwas schwant.
Nicht jeder Armleuchter ist auch ein großes Licht,
nicht alles, was zwei Wangen hat, ist ein Gesicht.

Ferien

Es ist so schön, in freier Zeit zu wühlen –
an den Minuten wie am Süßholz kauen –
mit den Gedanken Tennis oder Fußball spielen –
aus den Ideen ein Kartenhäuslein zu erbauen –
auf einer Wolke über Berg und Tal zu reiten –
der Wind als treuer Köter hinterdrein –,
auf einem Glockenton in weite Fernen gleiten –
und in der Einsamkeit nicht einsam und allein zu sein.

Regenwetter

Da sitzt man nun und wartet auf die Sonne.
Der Himmel baumelt wie ein nasser Sack hernieder.
Aus Wolkenfetzen blickt ein Schimmer hin und wieder
in meine Kammer wie in eine Regentonne.

Man wartet schon am Abend auf den nächsten Morgen.
Der kommt mit Wasserstiefeln und mit einer Nebelmütze,
klopft an das Fenster und schiebt durch die Ritze
schon wieder ein Paket mit neuen Sorgen.

Man wartet still von einem Jahr zum andern,
es schmerzt die Brust, die Seele wird zermürbt.
Die Jahre und die Ideale wandern,
bis daß der letzte Hoffnungsschimmer stirbt.

Da hockt man nun in seiner Regentonne
und findet niemals die ersehnte Ruh.
Man sitzt und wartet, wartet auf die Sonne –
und wenn sie da ist, zieht man die Gardinen zu.

Dem »lieben« Nachbarn ins Stammbuch

Ich säe den Weizen und baue den Kohl.
Ich hüte die Schafe und fühle mich wohl
und lasse die anderen schwatzen.
Mein Karren rollt munter, es wird was getan.
Ich melde gehorsamst: Bei mir geht's voran,
Herr Nachbar, und wenn Sie zerplatzen.

Ich lieb' meine Arbeit und will meine Ruh'.
Ich jäte das Unkraut im Feld immerzu,
verscheuche die Dohlen und Spatzen.
Ich miste den Saustall in meinem Bereich.
Was Sie dazu sagen, das ist mir ganz gleich,
Herr Nachbar, und wenn Sie zerplatzen.

Der Winter mag kommen mit Sturm und mit Macht.
Mein Schornstein raucht friedlich trotz Nebel und Nacht.
Ich fürchte nicht Mäuslein und Ratzen.
Ich bin auf dem Posten am Zaun jederzeit.
Mein Dreschflegel hängt in der Scheune bereit,
Herr Nachbar, und wenn Sie zerplatzen.

Einem Menschenverbesserer ins Stammbuch

Für andre Narren hast du keinerlei Verständnis,
denn ihre Schrullen bringen dich so leicht in Wut.
Betrachte dich im blanken Spiegel der Erkenntnis,
dann siehst du deinen eignen bunten Narrenhut.
Bis siebzig Jahre hast du an dir selbst zu feilen.
Glaubst du, dann fehlerfrei zu sein, mein Freund? Du irrst.
Willst du vollkommen werden, mußt du dich beeilen,
selbst wenn du älter noch als hundert Jahre wirst.

Meinem Jungen zum ersten Geburtstag

Den ersten Frühling hast Du nun gesehn,
die ersten Blümchen und den ersten Schnee.
Du lerntest auf den kleinen Füßchen gehn und stehn,
erlebtest Deine ersten Freuden und das erste Weh.

Als Du die kleinen Händchen Dir am Ofen hast verbrannt,
da rollten dicke Tränen über Dein Gesicht.
Die Mutter hatte Dich gewarnt und oft ermahnt,
nun zahltest Du das erste Lehrgeld Deines Lebens, kleiner
Wicht.

Noch bist Du rein und ohne Argwohn, kleiner Mann,
und gute Hände schützen Dich vor jedem Leid.
Wenn Du dereinst allein bist, denke stets daran:
Wo Schmetterlinge fliegen, sind die Wespen auch nicht
weit.

Nun strampelst Du mit Deinen kleinen Beinchen in das
zweite Jahr.
Steh immer fest darauf – auch wenn wir nicht mehr sind.
Laß Deine Augen immer leuchten froh und sonnenklar
und glaube an das ewig Gute – Du, mein Kind.

Stadtflucht

Manchmal schau' ich aufwärts zu den Dächern ringsumher,
denn die grauen Häusermauern drohn mich zu erdrücken.
Auf den Straßen liegt die trübe Luft so bleiern schwer,
und ich trage sie wie eine Last auf meinem Rücken.

Einmal möchte ich von einem grünen Bergeshang
wieder einen Blick ins blaue, weite All genießen.
Möchte still bewundern einen Sonnenuntergang,
wie wenn Himmel, See und Erde ineinanderfließen.

Möchte wieder einen Baum mit reifen Äpfeln sehn,
wie wir sie als Kinder heimlich, oft und gern gestohlen.
Möcht' auf einem Bauernhof vor einem Kuhstall stehn
und ganz tief, aus allertiefsten Tiefen Atem holen.

Einmal möcht' ich wieder über weite Felder gehn
und die weiche Schnauze streicheln einem Ackerpferde.
Möchte Enten schnattern hören und die Hähne krähn.
Meine asphaltmüden Füße sehnen sich nach Erde.

Wenn's liebe Sönnchen scheint

Wenn's liebe Sönnchen scheint, weht meist ein milder
Ostwind,
dann ist man gut gelaunt, das Herz vor Freude hupft.
Doch bläst des Abends spät ein rauher Frühlingsfrostwind,
ist man sehr leicht verstimmt, verärgert und verschnupft.
Am allerbesten ist, daß man nicht grollt und weint,
auch wenn mal nicht das liebe Sönnchen scheint.

Wenn's liebe Sönnchen scheint, dann kommen Mück' und
Fliegen.
In großen Schwärmen sieht man sie zum Lichte ziehn.
Doch wenn der Sturmwind fegt, daß sich die Bäume
biegen,
verschwinden alle in der Dunkelheit und fliehn.
In ihrem Unterschlupf, da sitzen sie vereint
und warten, bis das liebe Sönnchen wieder scheint.

Wenn's liebe Sönnchen scheint, dann gibt es frohe Feste,
dann sind sie alle da, dann geht es ein und aus.
Doch ist die Tafel leer, verschwinden bald die Gäste.
Den Rest trinkt man allein, und es wird still im Haus.
Beim leeren Glase erst kennt man den wahren Freund,
nicht aber, wenn das liebe Sönnchen scheint.

November-Elegie

Der Tropfen tropft in meines Daches Rinne,
tripp-tropp, tripp-tropp.
In beide Hände stütze ich den Kopp.
Im Nebel liegen Feld und Wald und meine Sinne.
Der Wind bläst eine graue Melodie.
Melancholie. –
Des Sommers letzter Gruß
ist eine Fliege, die auf meiner Nase tanzt.
Hebt mühsam Fuß um Fuß. –
Ich schau' dem Tanze zu, und mich beschleicht ein
Kummer.
Im Lenze sah ich sie als schlankes Fliegenjüngferlein,
doch jetzt ist sie ein dicker Brummer. –
Es heult der Wind, der Regen tropft.
Mein armes Herz voll Wehmut klopft.
In meiner Nase rotem Glanz
vollführt sie ihren Totentanz.
Zum letztenmal das Bein sie schwingt,
und tot sie von der Nase sinkt!
Vor mir ein Fliegenauge brach.
Ein großer Tropfen rollt ihr nach.
Die Uhr tickt in mein Herzeleid
Vergänglichkeit. –

Einem Pessimistviech ins Stammbuch

Das Unken geziemt den Ästheten,
das Kritteln ist ihr Privileg.
Ich halte es mit den Poeten
und gehe gradaus meinen Weg.
Es läßt sich so leicht überwintern,
bewahr dir ein kindliches Herz.
Aus einem verzweifelten Hintern
kommt niemals ein fröhlicher Ferz.

Ein altes Lied

Es liegt ein Stern in der Gossen,
dran hanget ein Stückelein Herz.
Es kam über Abend ein Regen,
zog beides hinab erdenwärts.
Nun sind seine Strahlen erloschen,
im Dunkel der Nacht steh' ich hier.
Es liegt ein Stern in der Gossen,
das Herze daran ist von mir,
das Herze daran ist von mir.

Giebelspruch

O lieber Gott, mein Haus beschütz
vor Dieben, Wanzen, Sturm und Blitz.
Oh, halte fern vom Leibe mir
den Doktor und Gerichtsvollzieh'r.

Kumpelsburg in Leoni

Ich bin in den Ländern umhervagabundiert,
habe geliebt und gedarbt und Kohldampf geschoben.
Meine Verse schrieb ich nieder ganz unfrisiert
und schielte dabei nicht nach unten, noch nach oben.

Wie der Spatz auf dem Dache, so pfeif' ich mein Lied,
es klingt nicht immer für empfindsame Ohren.
Um die Jedermannsgunst hab' ich mich nie bemüht.
Das Leben ist rauh, es macht hart und unverfroren.

Ich liebe die Sonne und den See, sturmumbraust.
In den Märchen der Wälder, da wohnt meine Seele.
Mein Traum und mein Ziel war, hier mit eigener Faust
zu schaffen mein niedriges Dach und die vier Pfähle.

Es gingen die Jahre ihren holprigen Gang,
oft drüber und drunter, und meist ging es daneben.
Nur nicht weich werden, wenn auch der Weg noch so
lang.
Es kommt alles, was man will und sich wünscht im Leben.

Dort steht jetzt meine Hütte, bescheiden und klein,
umkränzt von einem Zaun aus Liedern und Gedichten.
Kein König kann stolzer auf seine Wälder sein
als ich auf meinen Birnbaum und die siebzehn Fichten.

Prost, Harry!

Es ist schon wieder gegen morgens vier.
Ein dichter Tabaksnebel füllt den Raum.
Ich glotze nach der Tür, und wie im Traum
schwankst du, von irgendwo, herein zu mir.
Hier wären wir so wunderbar allein,
doch es ist Schluß im Bau, du kommst zu spät.
Die Gäste fort, die Hähne abgedreht.
Verdammtes Pech, es hat nicht sollen sein.
Du schüttelst mir zum Abschiedsgruß die Hand.
Den letzten Schluck im Glase teile ich mit dir,
dann stolperst du hinaus zur Tür.
Zeng! Peng! Das Glas fliegt an die Wand!
Prost, Harry!

Holzhacker wird sentimental

Ich hab' meinen Hauklotz geschlachtet.
Er war, weiß Gott, nicht mehr neu.
Ich hab' ihn voll Wehmut betrachtet,
er diente mir tapfer und treu.
Ich habe manch knorrige Eiche
auf seinem Schädel zerschellt.
Es krachten die wuchtigen Streiche.
Mein Hauklotz blieb stark wie ein Held.
Es sausten die Splitter der Buchen
beim Hacken mir wild um den Kopp.
Da half weder Schimpfen noch Fluchen,
mein Hauklotz sprach mutig: »Hau drop!«
Er, den ich geliebt und geachtet,
das Schicksal zerkleinerte ihn.
Ich hab' meinen Hauklotz geschlachtet,
nun schmort er im trauten Kamin.
Zum Schornstein hinaus in die Ferne
entschwebt er, so leicht wie ein Hauch.
Fahr wohl und grüß mir die Sterne.
Mein Hauklotz – ein Wölklein von Rauch.

Sandalenbrief

Lieber Freund, besinnst Du Dich? Wir saßen beide
beim Glas Bowle in der Laube von Jasmin,
dabei grölten wir das Liedchen von der Heide,
wo die aller-allerletzten Rosen blühn.
Heute fühlte ich mein Herz vor Freude strahlen,
auf der Straße sah ich eine hübsche Maid,
lustig klippten-klappten ihre Holzsandalen
wie dereinst in unsrer Jugendzeit.
Weißt Du noch, wenn abends spät die Sterne blitzten,
und wir saßen mit den Mädchen dort im Hain,
wenn wir unsre Namen in die Holzsandalen schnitzten,
so mit Herzen drum – und drunter »Ewig Dein«?
Wir gelobten Treue uns zum Weh und Wohle,
heil'ge Schwüre klangen in den Frühlingswind,
und wir waren ganz ein Herz und eine Sohle,
bis wir dann auf Tischlers Rappen heimgeklappert sind.
Um mir all die schönen Bilder wieder auszumalen,
singe ich mein Lied so froh und frei:
Auf der Straße klappern wieder Holzsandalen
wie dereinst im schönen Monat Mai.
Gestern nacht, da sind sie mir im Traum erschienen,
und vor lauter Freude schoß ich bald Kobolz.
Seid gegrüßt, ihr lieben Holzpantinen,
seid gegrüßt mit dreifach donnerndem »Gut Holz«!

Einem Boxer ins Stammbuch

Du brauchst dich deiner Hiebe nicht zu schämen,
denn Geben ist bekanntlich seliger denn Nehmen.
Was du nicht willst, das man dir tu,
das füg auch keinem andern zu.

Pariere klug und ziele gut
und laß die Rechte niemals wissen, was die Linke tut.

Es hilft dir nichts . . .

Es hilft dir nichts, die Hände müßig in den Schoß zu legen
und Gottes Mühlen langsam, aber sicher mahlen lassen.
Man muß den Schicksalsrädern hin und wieder in die
Speichen fassen.
Selbst dann, wenn du der allerfrömmste Christ,
erbitte – doch verlaß dich nicht allein auf Gottes Segen.
Dein Acker braucht den Sonnenschein und ebenso den
Regen
wie deinen Mist.

Es hilft dir nichts, der Welt verzweifelt Klagelieder
wimmern,
genausowenig, an das, was das Schicksal schenkt, zu
glauben.
Die schöne Zeit ist um mit den gebratnen Himmelstauben.
Die Heinzelmännchen sind längst abgetan.
Verlaß dich nicht darauf, daß sich die andern um dich
kümmern.
Du bist bestimmt, dein eignes Glück und auch dein Bett
zu zimmern.
Selbst ist der Mann.
Es hilft dir nur, stets unerschrocken an das Werk zu
gehen,
nur so allein bemeistert man die Menschen und die Dinge.
Die ewig kleinen Zweifler und die großen Schüchterlinge
marschieren nebenbei und hintenan.
Du mußt dem Schicksal offen, frohgemut ins Auge sehen,
möglichst auf deinen eignen, immerhin, auf Beinen stehen,
dann geht's voran.

Asphalt, leb wohl

Es ist so schön, das Köfferlein zu packen
und dem Asphalt zu sagen lebe wohl.
Für ein paar Tage sich nicht abzuplacken,
fort aus dem grauen Dunstkreis des Benzol.
Auf, in die Berge oder in das Grüne.
Hinein ins Meer und in den Sand der Düne.
Nur fort nach irgendeinem Ruhepol.
Ich mache Ferien. Asphalt, leb wohl.

Ich hör' im Geist der Herde Glocken läuten
statt Straßenbahn und Telefon.
Ich pfeife auf die Kunst der Pharmazeuten
und schlürfe Luft und Fichtenwaldozon.
Mein Glück ist wahrlich kaum noch zu beschreiben,
einmal acht Tage unrasiert zu bleiben.
Gewaltig keimt aus meinem Kinn der Sauerkohl.
Ich mache Ferien. Asphalt, leb wohl.

Ich freu' mich auf das Taschentücherschwenken.
Bald geht der Zug, ich kann ins Freie sehn.
Mag nicht ans Kofferwiederpacken denken
und lass' die Uhr für ein paar Tage stehn.
Nun bin ich frei, weg mit dem Schlips und Kragen.
Ich möchte ein paar Purzelbäume schlagen
und singe so vergnügt wie der Pirol:
Ich mache Ferien. Asphalt, leb wohl.

Komplikationen

Der Schaum kann beim besten Willen nicht maulen,
hingegen ein Maul (es gibt Fälle) oft schäumt.
Ein Baum kann beim besten Willen nicht gaulen,
hingegen ein Gaul (es gibt Fälle) sich bäumt.
Man kann auch im Bett liegen und träumen,
daß man im Bette liegt und träumt.

Fragment

Ein Wirbelwind schlich in mein Kämmerlein
und steckte einen Schnupfen in mein Nasenloch.
Liebkoste meinen Leib, strich sanft mein linkes Bein,
worauf er dann zu meiner Dackelhündin in die Hütte
kroch.
Was dort geschah – genau weiß ich es nicht.
Die beiden spielten dort bis in den Tag hinein.
Nach ein'ger Zeit erblickt das Weltenlicht
ein Dackelwirbelwindspielbaby – zirka rasserein.

Brief aus der Sommerfrische

Heute morgen war der Himmel wolkengrau bezogen.
Nach dem Regen aber kam ein sonnig schöner Tag,
und ein Stückchen von dem wunderbaren Regenbogen
lege ich Dir mit hinein in diesen Briefumschlag.
Auch dies kleine Blümchen hier, ganz einfach und
bescheiden,
sendet Dir die besten Grüße über Tal und Höh'n.
Seine Schwestern blühn am See dort bei den alten Weiden.
Wie die Blümchen heißen, weiß ich nicht, doch sie sind
schön.

Wenn Du hören könntest, wie die Vögel jubilieren –
und Du hockst dort in der Stadt im dunstigen Büro,
mußt auf Straßenpflaster abends müde heimmarschieren.
Der Gedanke stimmt mich dann ein wenig gar nicht froh.
Aber was ich hier erlebte in den schönen Tagen,
steht Dir alles noch in allernächster Zeit bevor.
Was vorüber ist, das soll man nimmermehr beklagen.
Wenn die Sonne scheint, dann weint und jammert nur der
Tor.

Nur acht Tage, noch acht schöne Tage, und dahinter
winken ferne schon die Ferien im nächsten Jahr.
Eine einz'ge Krähe macht noch lange keinen Winter,
und ein graues Härchen macht noch keinen Jubilar.
Und so will ich denn für heute meinen Brief beschließen,
leider wurde daraus wieder einmal ein Gedicht.
Alle Bäume lassen Dich aus tiefster Wurzel grüßen.
Grüße Du dort alle Menschen – nur die Spießer nicht.

Ein Stückchen Sonntag

Hat man bei der Arbeit eine Pause eingeschaltet,
halten die Gedanken eine kleine Weile Rast.
Sieht ganz nebenbei, indem man seine Hände faltet,
durch das Fenster einen Vogel drüben auf dem Ast.

Wie durch dichten Nebel hört man die Fabriksirene.
Sie erinnert an das Meer, an eine ferne Zeit.
Man durchträumt aus vielen Jahren das erlebte Schöne
in den wenigen Minuten der Beschaulichkeit.

Auf dem Hofe spielen, munter lachend, kleine Mädchen.
Durch das Fenster blickt ein heller, zukunftsreicher Schein.
In der Pause webt, gleich einem zarten Silberfädchen,
sich ein Stückchen Sonntag in den grauen Alltag ein.

Sägespäne

Wenn man als Kind vor einem Spielzeugladen stand
und sah im Schaufenster die herrlich bunte Pracht,
wie hat vor Sehnsucht da das kleine Herz gebrannt!
Das Kinderauge hat geleuchtet und gelacht.
Ja, das möchte ich so gerne haben,
und auch das da ist so wunderschön.
Das Püppchen und den blonden Knaben,
den Teddybär mit aufzudrehn,
und das und das und noch viel mehr.
Wenn man's dann hat – ja, was ist dann nachher?
Erst freut man sich beinahe bis zu Tränen.
Und was ist dann?
Dann polkt man dran –
und steht vor lauter, lauter Sägespänen.
So ist nun mal das kindliche Gemüt,
es braucht ein bißchen Hoffen und ein bißchen Sehnen.
Wenn man das Spielzeug durch ein Schaufenster besieht,
dann merkt man nichts von all den Sägespänen.

Solang man klein ist, sind die Wünsche auch ganz klein.
Dann wird man größer und will immer mehr und mehr.
Man möcht' gern irgend etwas von Bedeutung sein,
vergessen sind die Puppen und der Teddybär.
Man möcht' gern etwas groß erleben,
man möcht' gern etwas Tolles sehn,
man möcht' den höchsten Ruhm erstreben,
umjubelt vor der Menge stehn,
und Geld und Rang und noch viel mehr.
Wenn man's dann hat – ja, was ist dann nachher?
Erst freut man sich, erreicht ist all das Schöne.
Und was ist dann?
Man schaut es an –
erfüllte Wünsche sind meist Sägespäne.

So ist und bleibt nun mal das alte Lied,
der Mensch braucht Hoffnung und ein kleines bißchen
Sehnen.
Wenn man das Leben durch das Schaufenster besieht,
freut man sich an den bunten Sägespänen.

Einem Ärgerling ins Stammbuch

Bedenk, die Menschen sind oft roh
und manchmal leider schadenfroh.
Du ärgerst dir die Galle raus
und wirst zum Schadenfreudenhaus.

Pfingstbrief

Vielen Dank für Euer ziemlich liebes Schreiben.
Es ist schön von Euch, Ihr ladet mich zu Pfingsten ein.
Leider geht es nicht, ich möcht' zu Hause bleiben.
Seid nicht bös' deshalb – jedoch es muß so sein.
Ich bin sonst gewiß ein großer Freund von Reisen,
weil das Reisen nämlich furchtbar bilden soll.
Ich befürchte nur, die gute Bahn aus Eisen
ist zu Pfingsten doch zum Überlaufen voll.
An der Sperre, auf dem Bahnsteig das Gedränge –
und dann Kopf an Kopf und Bauch an Bauch im Abteil stehn.
Oh, ich fühle meine armen Nervenstränge,
wie sie schon bei dem Gedanken flötengehn.
Nein, ich möchte mal der wahren Ruhe frönen
und in aller Stille sammeln neue Kraft.
Möchte mich erfreuen an dem auch ganz Schönen
hier in meiner allernächsten Nachbarschaft.
Jäte meinen Blumenkasten, pflanze Wicken,
hör', wie in der Kuckucksuhr der Kuckuck schreit,
kraule meinem Wellensittich Kopf und Rücken.
Ach, ich freu' mich auf die Pfingstbeschaulichkeit.
Morgens wandle ich zu einem frühen Schoppen,
steck' ins Knopfloch mir ein Blättchen Kopfsalat,
schlürfe Pfefferminztee oder lutsch' am Proppen,
abends spiel' ich Rundfunk, Kino oder Skat.
Und so hoffe ich, Ihr werdet es begreifen,
daß ich still genieße, was der Lenz mir beut.
Warum immer in die weiten Fernen schweifen?
Hier gibt es so vieles, was das Herz erfreut.
So beschließ' ich denn hiermit mein Schreiben.
Ich verleb' die Pfingsten frisch und frei und froh
beim gemütlichen Zuhausebleiben.
Und ich hoff' von Euch, Ihr macht es ebenso.

Morgenandacht

Es windet mir ein frischer Ost
ein bläulich Band um meine Nase.
Ein Brief kam mit der Morgenpost
und weht mir Blumen in die Vase.

Das wird fürwahr ein schöner Tag.
Mein Herz erfüllt ein frohes Ahnen
mit Wachtelsang und Finkenschlag.
Am Himmel flattern goldne Fahnen.

Die Lerche schwingt sich zum Zenit.
Der See glänzt morgendlich gerötet.
Vor einem Gänseblümchen kniet
im Gras ein Elefant – und betet.

Sonnenblume im Gemüsegarten

Hinter jenem alten Lattenzaun dort drüben,
der schon ziemlich stark verwittert ist vom Sturm der Zeit,
sonnt sich ein Gemüsegarten in Beschaulichkeit.
Neben Kraut und Unkraut wachsen friedlich Kohl und
Rüben.
Neben einem Kürbis reifen zarte Zuckerschötchen.
Alles, was für eine Hausfrau nütz- und dienlich ist,
ist hier kunterbunt vertreten. Knollen neben Knötchen
wachsen unter einer Sonne – und auf einem Mist.
Hinter jenem Lattenzaun dort zwischen grünen Bohnen,
hoch empor, erhaben über dem Gerank,
sieht man, wie aus purem Gold zum Himmel strahlend
blank,
eine wunderschöne, große Sonnenblume thronen.
Leuchtend wendet sie zur Sonne ihr Gesicht,
alles, was da unten kreucht, kann sie nicht stören.
Sie bestrahlt mit überreichem Glanz und Licht
tief im Schatten die Radieschen und die Möhren.
Veilchen, Petersilie, Mohn und Sellerie
sprießen alle aus der gleichen Erdenkrume.
Neben Kraut und Rüben blüht die Sonnenblume.
Selbst auf einem Düngerhaufen liegt ein Stücklein Poesie.

Alte Wege

Wenn man wieder einmal alte Wege geht,
die man einst mit einem lieben Menschen ging,
ist es, wie wenn leise Wehmut durch die Bäume weht
und ein jeder Zweig voll Tränen hing.
Wie vergoldet scheint am Weg ein jeder Stein,
stummen Blicks, wie alte Freunde, grüßt man sie.
Fremde Menschen kommen, und man neigt den Kopf zum
Schein.
Ganz von fern klingt eine längst verstummte Melodie.
Eine graue Mauer schaut mit faltigem Gesicht
nachdenklich durch dunkles Efeugrün,
und es ist, als ob sie traumversonnen spricht:
»Alte Wege soll man nie alleine ziehn.«

Es gibt ein Stück Erde . . .

Es gibt ein Stück Erde, an dem man klebt
und das man im Herzen stets liebbehält.
Die Scholle, auf der man die Kindheit verlebt,
vergißt man niemals im Trubel der Welt.
Man kennt jedes Steinchen und weiß jeden Laut.
Es taucht vor uns auf, so lebendig und wach,
das Haus mit dem Gärtchen, so heimisch vertraut.
Die Tauben girren noch auf dem Dach.
Die rissige Mauer mit dem wilden Wein,
berankt bis zum Giebel grün und dicht.
Die Stare nisten am Dachfensterlein.
Der Vater kommt müde heim von der Schicht.
Der Birnbaum steht verkümmert, wie er damals war,
und Sonnenblumen blühen am Gartenrand.
Es ist so, als streichle unser zerzaustes Haar
der guten Mutter segnende Hand.
Und wenn man die Welt kennt und alles gesehn,
bleibt dieses Stück Erde, an dem man klebt.
Mag sie finster und arm sein, für mich ist sie schön,
die Heimat des Bergmanns, wo ich die Kindheit verlebt.

Gruß an den Münchener Simpl

Simpl ahoi! Ich bin kein Festredner und liebe keinen
Honigkuchen.
Ich hasse alle geschniegelten Phrasen.
Alle frisierten Fatzken sollen mir den Hobel ausblasen.
Aber vor dir steh' ich stramm, resp. ich will's versuchen.
Ich will es versuchen, eine donnernde Rede zu reden.
Prost, alter Simpl, du verwittertes Haus.
Hinter einer Hecke fand ich diesen herbstfarbigen Strauß
aus verbeulten Sonnenblumen, Astern und Reseden.
Wenn ich eine Amsel wäre, würde ich dir ein Lied
tirilieren
und meine Stimme bis unter die Decke erheben,
daß die Spinnengewebe in allen Ecken erbeben
und aus den Winkeln all die guten Simplgeister
aufmarschieren.
Alle, die hier so manches liebe Mal
mit ungebügelter Hose ihre Verse gemeckert,
hinunterblickend ins weite Tal,
mit Rotwein und Leberknödelsuppe bekleckert.
Alle scharen sich um dich herum im Kreise.
Die Lampen glimmen wie durch einen Nebelschleier.
Die Nasen glühen wie bei einer hundertprozentigen
Junggesellenfeier.
Der Ofen in der Ecke weihräuchert eine Jubiläumsweise.
So wollen wir denn Arme und Beine, die Gläser und uns
selbst erheben,
mag es draußen auch stürmen und schnei'n.
Ein Stück meiner Jugend klingt in den Abend hinein,
mit einem gepumpten Abendbrot und Flaschenbier.
Laut grölen die Stimmen zum verstimmten Klavier:
Prost, alter Simpl, du sollst leben.

Alte Hammel – neue Wege

Es ist nicht so einfach, alte Hammel neue Wege leiten.
Immer wieder wollen sie die ausgetretnen Pfade gehen.
Immer wieder werden sie ganz ängstlich seit- und
rückwärts sehen,
eingedenk der guten, sanft entschlummerten
Großhammelzeiten.
Oh, wie dünken sie sich ach so groß und wichtig.
Die Erfahrung ist ihr Schlagwort, plus und prä.
Stets im Dunkeln stapfend, schnuppernd und vorsichtig,
blöken sie ihr weises Mäh-mäh-mäh.

Es ist nicht so einfach, alten Hammeln neue Wege zeigen.
Viel bequemer ist es, stets den wohlbekannten Trott zu
wandern,
ganz gemächlich einer hinterm andern
herzuschlendriandern,
nicht etwa mit kühnem Schwung an einem Berg
emporzusteigen.
Sonntags müssen sich die Schäflein dann versammeln,
beten, daß kein böses Wölflein in der Näh'.
Lernen leisetreten vor den Riesenhammeln,
lernen singen dann das traute Mäh-mäh-mäh.

Es ist nicht so einfach, alte Hammel neue Wege führen.
Aber dies ist noch kein Grund, die Hammel deshalb zu
verachten,
und noch weniger ein Grund, sie alle deshalb
abzuschlachten.
Sie gewöhnen sich schon an das
Vorwärtsgeradeausmarschieren.
Und wenn nicht – dann wird es sich nicht weiter lohnen,
um sie händeringend jammern ach und weh.
Dann gibt's eins nur: Hammelfleisch mit grünen Bohnen.
Basta, Schluß mit all dem Mäh-mäh-mäh.

Späte Freuden

Wenn ich mir die Welt beseh',
möcht' ich wie ein Böcklein hopsen.
Gestern schmolz der letzte Schnee,
heute sprießen schon die Knopsen.

Ja, der Winter war so rauh,
eisig bliesen seine Stürme.
Heute strahlt der Himmel blau
über Dächer, über Türme.

Alles Leid ist fortgefegt
wie mit einem sanften Besen,
und das Herz so ruhig schlägt,
so, als wäre nichts gewesen.

Lieber Frühling, komm geschwind,
bleib recht lang in diesem Jahre.
Ach, ich freu' mich wie ein Kind,
wie ein Kind im grauen Haare.

Was das arme Herz erhofft,
ist nun wirklich eingetreten.
Schön sind späte Freuden oft –
wenn sie sich nur nicht verspäten.

Reife

Wenn man nicht mehr weinen und nicht mehr beten kann,
dann ist das Herz nur ein Lederlappen aus lauter Sehnen.
Das Blut fängt in den Adern zu verwässern an.
Man betet ohne Worte, und man weint ohne Tränen.
Wie der Mond, der durch den einsamen Abend geht,
ohne Wärme und Leben zu spenden.
Wie ein gebeteter Fluch oder ein gefluchtes Gebet,
mit gefalteten Fäusten oder mit geballten Händen.
Wenn man all den seelischen Krempel abgetan,
wenn man dem Gewissen einen Fußtritt gegeben,
wenn man nicht mehr weinen und nicht mehr beten kann,
dann ist man reif für den Tod oder dieses Leben.

Später Sommer

Verschwunden sind vom Feld die letzten Garben.
Das Laub der Bäume schimmert rostigbraun.
Der Garten strahlt jetzt in Spätsommerfarben,
und draußen steht der Herbst schon vor dem Zaun.
Der Nebel senkt sich wie ein grauer, feuchter Hauch
auf Flur und Au und auf den Hagebuttenstrauch.
Ein letzter Gruß der bunten Georgine,
dann greife ich zur Winterpelerine.

Die Luft ist kühl, es schwingt in ihr ein Grämen,
so wie ein fernes, kaum geahntes Leid.
Es ist so wie ein stilles Abschiednehmen
von einer schönen, vielgeliebten Zeit.
Die Erde prangt in ihrem letzten Blumenflor,
bereitet sich auf herbstlich rauhe Tage vor.
Die Astern blühn so prächtig wie ein Wunder.
Im Glase blinkt und funkelt der Burgunder.

Jetzt rüsten sich die Vöglein auch zum Reisen,
versammeln sich in Scharen im Geäst.
Sie ruhen aus, sie fliegen auf und kreisen.
Es ist so wie ein Sommer-Abschiedsfest.
Bald geht mein Zug, denn heute ist der letzte Tag.
Mir ist so weh, daß ich es kaum beschreiben mag.
Verklungen sind des Sommers frohe Lieder.
Die Träne rinnt, der Asphalt hat mich wieder.

Das letzte Dorf

Die stille Straße kommt von irgendwo und schwindet.
Sie macht im letzten Dorf nur flüchtig halt,
wo eine Welt in eine andre mündet,
dann pilgert sie zum Hügel in den Wald.
Hier ist ein sanftes Auseinandergleiten,
ein Finden und ein Scheiden. Es verebben sacht
der Welt Getriebe in des Waldes Einsamkeiten.
Hier sagen sich die Häslein und die Rehe gute Nacht.

Müßiggängers Abendgebet

Wieder ist ein Tag zu Ende.
Oh, wie freun sich meine Hände!
Hab' ich auch nicht viel gemacht,
hab' ich doch den Tag verbracht.

Gruß an die Rote Erde

Dort, wo die Leckebecke fließt,
wo auf dem Feld der Kappes sprießt,
wo man die dicken Bohnen baut,
wo man den echten Panhas kaut,
dort quillt zu Deutschlands Ruhm und Ehr'
der edle, klare Steinhä-ger.
Dort schafft mit Fleiß in Feld und Flur
der biedere westfälsche Buer.
Dort steigt der Püttmann in den Schacht,
dort werden die Briketts gemacht.
Die Frauen dort sind gut und fein,
de Käls hewt Köppe so hart wie Stäin.
Dort sagt man zart und mit Gefühl:
»Du gottverdammten Donnerkiel.«
Wie klingt so lieb und gar nicht grob:
»Eck hau di äin förn Piepenkopp.«
Wie höflich sagt man dort auf platt:
»Du Dusseltier, eck driet di wat.«
Ja, diese Sprachenmelodien,
die sind bestimmt kein Scharm aus Wien.
Sie sind geformt aus Stahl und Erz,
sie haben Blut und haben Herz.
O selig, wessen Arm umspannt
einen Schinken aus Westfalenland.

Die Bergmannskuh

Wenn ich eine Ziege seh',
muß ich an zu Hause denken.
Höre ich das traute Mäh,
kann ich mich zurückversenken
in die Zeit der bloßen Füße.
Vor mir seh' ich Hof und Feld.
Tiere bringen ihre Grüße
aus der bunten Kinderwelt.
Wenn ich eine Ziege seh',
denk' ich an zerrißne Hosen,
und zum Dank für jedes Mäh
möcht' ich ihren Bart liebkosen.
Friedlich grast die Bergmannskuh
unter Silberbirkenstämmchen.
Gab uns Milch und noch dazu
um die Osterzeit ein Lämmchen.
Die Kaninchen, Täubchen, Entchen,
Stare, Spatzen, groß und klein,
bringen mir ein lustig Ständchen,
selbst der Kater stimmt mit ein.
Lieblich klingt das weiche Mäh,
Heimatklänge mich umschmeicheln.
Wenn ich eine Ziege seh',
muß ich hingehn – und sie streicheln.

Gruß vom Münchener Odeonsplatz

Gehst Du durch den grünen Wald
oder über Alpenmatten,
lieber Schatz, dann merkst Du bald:
Wo viel Licht ist, ist viel Schatten.

Stehst Du am Odeonsplatz,
fällt Dir etwas auf die Jacke,
merkst Du gleich, mein lieber Schatz:
Wo viel Tauben, ist viel – – –.

Zwetschgenzeit

Es ist bestimmt auf dieser Welt,
daß, wo ein Licht scheint, Schatten fällt.
Zwei Hälften hat das Erdgewölbe,
sie sind gleich rund, doch nicht dassölbe.

Hier wohnt die Freude, dort das Leid,
wie in der lieben Zwetschgenzeit.
Man mag sich drehen, mag sich winden:
Der Bauch bleibt vorn – das andre hinten.

Es werde

Der Fink probiert sein Osterlied
und läßt die ersten Triller steigen.
Es atmet in den kahlen Zweigen,
wie wenn ein langer Schlaf entflieht.

Am Wiesenhang der Krokus blüht,
der erste zarte Frühlingsbote,
wie bunte Lichtlein, rosarote,
aus welkem Gras hervorgesprüht.

Die Pflugschar ihre Furchen zieht.
Es weht ein Duft von frischer Erde.
Gott sprach sein schönstes Wort: »Es werde.«
Das größte Wunderwerk geschieht.

Das Wundersame

Es ist das Wundersame am Naturgeschehen,
daß es beständig unser Menschenherz erfreut.
Schön ist der Sonnenaufgang, schön das Untergehen –
das ewig Alte, das sich immerdar erneut.

Wie herrlich sind des Frühlings erste, zarte Lieder,
und wie gewaltig, wenn im Herbst die Vögel südwärts
ziehn.
Man weiß es, kennt es und erlebt es immer wieder,
man wartet auf das Keimen, Blühen und Verblühn.

Es ist das Wundersame am Naturgeschehen,
daß man beständig seine Freude daran hat.
Schön ist das Werden, schön ist das Vergehen.
Schön ist die erste Knospe und das letzte welke Blatt.

Silvesterfeier

Erst haben wir auf den siebzehnten Januar getrunken.
Die Rede war zünftig und der Grog wunderbar.
Hierauf hat der nächste mit dem Finger gewunken,
nun tranken wir auf den neunzehnten Februar.
Anschließend mußten wir uns von den Plätzen erheben,
denn wir tranken auf den zwölften März und den achten
April.
Auch den Mai und den Juni ließen wir himmelhoch leben
mit feierlichen Reden und mit Gebrüll.
Vom Juli bis September wurde es immer bunter,
jedesmal mit einer neuen Runde – das ist doch klar.
Wir tranken den Kalender einmal rauf und wieder runter,
von Silvester auf- und abwärts bis zu Neujahr.
Hierauf vertilgten wir die Likörkarte alphabetisch,
vom Allasch bis zum Zwetschgenwasser, nach der Reih'.
Beim X gab es Grog. Wir wurden poetisch
und sangen die »Mühle im Schwarzwald« dabei.
Nun folgte das Trinken mit Heimatkunde,
von Apolda bis Zabern, bergauf und bergab.
Der Wirt rief: »Nicht kneifen, ihr Schweinehunde!«
Bei Lüdenscheid machten schon einige schlapp.
Wir hieben die Gläser mit Macht aneinander
und brachten einen Kantus, urmarkig und froh,
für die Asta Nielsen bis zur Zarah Leander
und vom Ali Baba bis zum Cicero.
Mein Nachbar, der lange Ilmendörfer,
zielte mit dem Glas nach einem Hirschgeweih,
er war nämlich Sportsmann, von Geburt Hammerwerfer.
Nun begann eine allgemeine Glaswerferei.
Heißa, da flogen die Scherben. Ich hört' jemand lallen:
»Bravo, meine Herren, das nenn' ich Niveau.«
Weg mit den Gläsern. Peng. Karthago muß fallen.

Schinkenkloppen wäre stillos und roh.
Die sonst so gütige Wirtin war leise verbittert,
dieweil ihr guter Kronleuchter total demoliert,
die Holztäfelung an den Wänden wie von Granaten
zersplittert
und die Gipsbüste von Dante auf dem Klavier ramponiert.
Die Wirtin versuchte, beschwichtigend einzuschreiten.
Wir grölten: »Nur einmal blüht im Jahr der Mai.«
Einige andere gingen über zu Tätlichkeiten,
dann kamen Sanitäter und die Polizei.
Im Raume wogte ein festlicher Schwaden
von Rumgrog und Punsch, Niespulver und Blei,
von Kartoffelsalat und kalten Schweinskarbonaden,
von sauren Gurken und andrer Arznei.
Wir hörten den Nachtwächter draußen Feierabend blasen.
Die Gäste lagen umher wie verlorene russische Eier.
Im Hofe krähten schon die lieben Osterhasen.
Es war eine ausgiebige Silvesterfeier.

An jenen reichen Mann

Wir setzten uns an einen Straßengraben,
wir waren müde, denn der Weg war weit.
Du sagtest, daß wir deinen Grund betreten haben,
mit einem Drohefinger gabst du den Bescheid.

Wir stehen auf mit: »Ach, verzeihn Sie, bitte.«
Gleich einem Donnerschlag war das Verbot.
Zu einem andern Plätzchen lenken wir die Schritte,
wo auch die Sonne scheint und wo kein Finger droht.

Wir merkten es am Ton und der Gebärde:
Du scheinst fürwahr ein reicher Mann zu sein.
Schiller sagt: Raum für alle hat die Erde.
Ich sage: Reiche Menschen sind höchst selten fein.

Die goldnen Berge sind ein Düngerhaufen,
du reicher Mann, das eine glaube mir:
Die Sonne läßt sich nicht mit Gold erkaufen,
denn sie gehört *mir* ebenso wie *dir.*

Brief aus dem Wartesaal

Weißt Du noch, als ich bei Dir saß?
Es war anno dazumal.
Vor Dir standen drei Eier im Glas,
im Bahnhofswartesaal.
Es war morgens gegen zwei,
mein Zug fuhr erst um vier.
Aus der Ecke klagte Kindergeschrei,
und es roch nach Tabak und Bier.
Besinnst Du Dich auf den alten Mann,
der neben uns schnarchend saß?
Aus Deinen Augen eine Träne rann,
rann rin in die Eier im Glas.
Nun sitze ich wieder im Wartesaal
und denk' an den schnarchenden Mann.
Auch an das Kindergeschrei denke ich jedesmal
und an die Träne, die in die Eier rann.
Gleich geht mein Zug, den ich beinah vergaß.
Ich schaue betrübt vor mich hin.
Drei Eier im Glas, drei Eier im Glas,
die liegen mir im Sinn.

Einem Fußballer ins Stammbuch

Du trittst sozusagen dein Glück mit den Füßen
und zielst immer möglichst ins Leere hinein.
Mit zweiundzwanzig Beinen allein kann man keine Tore
schießen,
es müssen auch elf Köpfe mit im Spiele sein.

Semper idem

Solang man jung ist, liest man Räubergeschichten.
Dann wird man älter und liest van de Velde.
Wenn man noch älter wird, liest man die Baseler
Nachrichten,
und zum Schluß stellt sich heraus: Es ist doch immer
dasselbe.

Der Wald schläft

Friedlich schläft der Winterwald.
Rauhreif glitzert auf den Fichten.
Märchen werden zur Gestalt,
und es leben Spukgeschichten.

Ruprecht steigt herab ins Tal.
Unter tiefverschneiten Tännchen
stapft der alte Rübezahl,
trippeln kleine Wichtelmännchen.

Brombeerstrauch und Seidelbast
schlummern an der Haselhecke.
Eichkatz träumt auf einem Ast
unter weißer Daunendecke.

Buchen ragen stark und alt
aus dem Schnee wie Patriarchen.
Friedlich schläft der Winterwald,
und man hört die Bäume schnarchen.

An Dich

Heute ist es ganz still um mich,
oh, daß niemand diesen Frieden störe.
Heute denke ich so viel an Dich,
mir ist, als ob ich Dein Herz schlagen höre.

Es läutet keine Glocke, es lacht kein Kind,
nur Du bist um mich und die Sterne.
An meiner Seite der Abendwind
erzählt mir von Dir in der Ferne.

Erzählt mir von Dir so lieb und vertraut
und streichelt am Wege die Zweige.
Kaum fühlen wir, daß der Morgen graut.
Ich lausche verträumt und schweige.

Noch immer ist es ganz still um mich,
doch fühl' ich ein leises Bangen.
Noch immer denk' ich so viel an Dich,
bald kommt der Tag mit seinen Menschen gegangen.

Abend am Wasser

Gütig streicht der Abendwind
übers Schilf, liebkost die Wellen.
Fischlein schon zu Bette sind,
friedlich schlummern die Libellen.
Schläfrig läßt der Weidenbaum
seine müden Zweige hangen.
Binsen wispern wie im Traum,
und der Mond ist aufgegangen.
Nur ein Wassernixlein froh
sitzt auf einem Wasserröslein,
sucht nach einem Wasserfloh
in dem feuchten Wasserhöslein.

Der kluge Prophet

Ein Fröschlein sitzt im Schilf und Rohr
und lugt zum Himmelszelt empor,
wie es dort mit dem Wetter steht.
Der Frosch ist, laut Beruf, Prophet.
Bei Regen und bei Sonnenschein
ist es sehr leicht, zu prophezein,
doch ist das Wetter ungewiß,
traut selbst ein Frosch der Sache miß.
Auf alle Fälle sagt er sich:
Das Wetter ist »veränderlich«.
Das macht nicht klüger und nicht dümmer,
der gold'ne Mittelweg stimmt immer.

Die Krähen

Im Winter, wenn's nebelt, dann ziehen in Schwärmen
die Krähen feldeinwärts mit Krächzen und Lärmen.
Verscheucht man die Krähen, dann schrei'n sie »Verrat!«
Sie räubern dem Landmann die herbstliche Saat
und was sie im Trüben erspähen,
die Krähen.

Sie kommen aus Osten, sie kommen aus Westen
und lungern am Zaune versteckt in den Ästen.
Sie wittern die Beute voll Schläue und List,
sie scharren im Garten, im Dünger und Mist.
Sie ernten, was andere säen,
die Krähen.

Kommt endlich der Frühling mit Liedern und Lerchen,
der Schäfer treibt friedlich das Vieh aus den Pferchen,
dann sieht man die Krähen in Scharen entfliehn,
und niemand kann sagen, wohin sie jetzt ziehn.
Im Lenz mit dem Nebel verwehen
die Krähen.

Hühner im Regen

Die Hühner sitzen im Regen
in einer Reihe am Zaun.
Das Gackern ist ihnen vergangen.
Sie lassen die Flügel hangen.
Mit größter Besorgnis und Bangen,
wie Pessimisten schaun
die Hühner der Zukunft entgegen.

Die Enten im Hofe hingegen
sind lustig, trotz Regen und Wind.
Sie watscheln durch Tümpel und schnattern.
Im Schlamm sie die Würmer ergattern
und kennen kein Zittern und Zattern.
Die lustigen Enten sind
die Optimisten im Regen.

Schneemann weint

Die Sonne lacht. Der Schneemann weint.
Sie hat es gut mit ihm gemeint.
Nun schmilzt er bis zum letzten Rest.
Es säuselt leise aus Südwest.
Das Eis am Giebel tropft und taut.
Der Schnee am Weg ist sanft ergraut.
Bald kommt der Frühling über Nacht.
Der Schneemann weint. Die Sonne lacht.

Lebensmathematik

Wenn man liquidieren muß
und die Schlußbilanz beachtet,
wird ein Minus oft zum Plus,
je nachdem man es betrachtet.
Diese Rechnung ist ganz glatt:
Null ist nicht zu subtrahieren.
Alles, was man nicht mehr hat,
kann man auch nicht mehr verlieren.

Steckbrief für Intellektuelle

An ihren Phrasen sind sie zu erkennen.
Sie schlagen Schaum aus Oberflächlichkeit.
Doch wehe, wenn sie sich noch weiblich nennen,
dann wendet man sich schnell zum Gehn – und speit.

Sie sind ganz Kopf – vom Knöchel bis zum Kragen.
Ihr Horizont ist eng – der Mund sehr weit.
Sie sind stets negativ und sozusagen
der Blinddarm in dem Bauche unsrer Zeit.

Sie sind von vornherein schon allem überlegen,
so himmelhoch- und abgrundtiefgescheit.
Ihr »Nie-Dahinterkommen«, doch ihr »Stets-Dagegen«
ist das Geheimnis ihrer Überlegenheit.

Oh, wenn sie wüßten, wie sie komisch wirken!
In ihrem Dünkel spreizen sie sich groß und breit
wie stolze Eichen zwischen Krüppelbirken –
und sind Kakteen nur in Wirklichkeit.

Der stolze Posaunenstoß

Es war mal ein Posaunenstoß,
der dünkte sich so stark und groß.
Als die Sekunde kaum verrinnt,
ist er nur ein verwehter Wind.
Posaunenstoß, Posaunenstoß,
du warst so stolz, du warst so groß.
Die Größe währt nur kurze Zeit,
der Wind weht noch in Ewigkeit.

Abendlied am trockenen Klein-Hesseloher See

Still ruht der See. Die Enten waten
im Gänsemarsch hin durch den Schlamm.
Am Ufer stehen wie Soldaten
die Weidenbäume stumm und stramm.
Die Enten waten durch den Schlamm.

Still ruht der See. Still ruht der Bagger.
Der Himmel ist schon ausgesternt.
Die Schwäne gehn zu Fuß ganz wacker.
Dieweil das Wasser ist entfernt,
ham sie das Schwimmen längst verlernt.

Still ruht der See. Still ruht's Café.
Der letzte Gast dort langweilt sich.
Er macht Grimassen wie ein Affe
und gähnt dabei ganz fürchterlich.
Der letzte Gast – und der bin ich.

Mir selbst ins Stammbuch

Manchmal bin ich stolz darauf, ein Mensch zu sein.
Manchmal schäme ich mich, daß ich einer bin.
Aus den Trauben macht der Mensch den edlen Wein,
aus dem Holz das Dynamit und Nitroglyzerin.

Jeder dünkt sich, Gottes Ebenbild zu sein,
doch die Taten sind so grundverschiedentlich.
Mag der liebe Himmel uns dereinst verzeihn,
denn er schuf den großen Goethe – und auch mich.

Höchst weltliche Sündenfibel

Apfel und Feigenblatt

Der Apfel und das Feigenblatt,
das sind die zwei Symbole,
die uns ein Gott gegeben hat
zum Weh und teils zum Wohle.

Durch Apfel und das Feigenblatt
kam Adam zur Erkenntnis.
Wie schade – ein Eunuche hat
dafür gar kein Verständnis.

Der Apfel und das Feigenblatt
sind wicht'ge Utensilien
und sehr beliebt in Land und Stadt
von Grönland bis Brasilien.

Die beiden Dinge sind antik,
doch unbedingt vonnöten,
so wichtig wie in der Musik
die Pauken und Trompeten.

Der Apfel ist nebst Feigenblatt
nicht nur für feine Leute,
der größte Menschenfresser hat
auch daran seine Freude.

Der Apfel und das Feigenblatt,
sie stürzten Fürstenthrone
und setzten Könige schachmatt
mit Zepter samt der Krone.

Der Apfel und das Feigenblatt,
sie stimmen uns vergnüglich,

und machen sie uns auch nicht satt,
sie munden ganz vorzüglich.

Dem Herrn sei Lob und Preis und Dank,
der uns dies einst gegeben.
Ich möcht' mein ganzes Leben lang
vom Sündenfallobst leben.

Der mondäne Vamp

Ich schlürfe die Liebe wie Sekt aus dem Glas,
ich verzehr' mich, ernähr' mich durch Liebe.
Ich bin halt ein Vamp, ein papierenes Aas,
ich liebe die kitschige Liebe.
Ich brauch' Zigaretten, rotes Licht am Kamin,
ein Pyjama, exotisch geschnitten,
ein Eisbärfell und Schallplattolin.
Zur Liebe brauch' ich Requisiten.
Und sonst gar nichts.

Männer umschwirrn mich – wie Motten ums Licht,
ihr Pulver rollt mir in die Tasche.
Und wenn sie verbrennen, ja, dafür kann ich nicht.
Hei – wie ich die Männer vernasche.
Heut flieg' ich auf diesen – und morgen auf den.
Meine Pulse vor Leidenschaft strotzen.
Ich finde mich selber so schrecklich mondän,
ich finde mich selbst oft zum Kotzen.
Und sonst gar nichts.

– und vergib uns unsre Schuld

Es ist ganz gleich, ob Preuße oder Schwabe.
Verstehen und verzeihen heißt das menschlichste Gebot.
Jedweder Mensch hat etwas Kot an seinem Stabe,
doch einer streicht's dem andern sanft aufs Butterbrot.

Beständigkeit

Holt man ein Schwein vom Stall zur Beletage
und wickelt es in Samt und Seide ein
und bindet eine Maske ihm vor die Visage,
an seinem Ringelschwanz erkennt man doch das Schwein.

Stammbuchvers

Es ist so schön, im Frühling wohlzuriechen,
obwohl ich sonst kein großer Lüstling bin.
Ich wollte meinem Herrn Direktor in den Hintern
kriechen,
doch leider saßen schon ein Dutzend Prominente drin.

Wochenbrevier

Am Montag fängt die Woche an.
Am Montag ruht der brave Mann,
das taten unsre Ahnen schon.
Wir halten streng auf Tradition.

Am Dienstag hält man mit sich Rat.
Man sammelt Mut und Kraft zur Tat.
Bevor man anfängt, eins, zwei, drei,
bums – ist der Dienstag schon vorbei.

Am Mittwoch faßt man den Entschluß:
Bestimmt, es soll, es wird, es muß,
mag kommen, was da kommen mag,
ab morgen früh am Donnerstag.

Am Donnerstag faßt man den Plan:
Von heute ab wird was getan.
Gedacht, getan, getan, gedacht,
inzwischen ist es wieder Nacht.

Am Freitag geht von alters her,
was man auch anfängt, stets verquer.
Drum ruh dich aus und sei belehrt:
Wer gar nichts tut – macht nichts verkehrt.

Am Samstag ist das Wochen-End,
da wird ganz gründlich ausgepennt.
Heut anzufangen, lohnt sich nicht.
Die Ruhe ist des Bürgers Pflicht.

Am Sonntag möcht' man so viel tun.
Am Sonntag *muß* man leider ruhn.
Zur Arbeit ist es nie zu spät.
O Kinder, wie die Zeit vergeht.

Schnapsgebete

Schnaps, du edler Götterfunke,
Schlingel aus Elysium,
nieder mit dir, du Halunke!
Runter in dein Tusculum!

Rinne bauchwärts, Sonnenstrahl.
Feuchte meine dürre Kehle.
Kommst du unten an im Tal,
jauchzt gen Himmel meine Seele.
Meine Niere pocht Alarm,
und sie lechzt nach deinem Kuß.
Du machst Eisgefilde warm,
heiliger Schnapsissimus.

Wenn sich mein Affe und mein Kater guten Morgen
sagen –
der eine grinst, der andre faucht und spuckt –
dann habe ich ein solch Gefühl im Magen,
als hätt' ich eines Landbriefträgers Fuß verschluckt.

In meinem vor'gen Dasein war ich eine Tümpelkröte,
die sich beschaulich sonnt auf einer grünen Au.
Vielleicht auch nur das Loch in eines Schweinehirten Flöte.
Wer weiß? Vielleicht ein kleines Veilchen, himmelblau.

Die Bauchtänzerin

Hei – wie ihr Bauch sich lichterloh gen Himmel schwingt,
jedweder Zoll an ihm ist orientalisch.
Ha – wie der Nabel schelmisch um die Ecke blinkt,
er wirbelt rhythmisch, bacchanalisch, musikalisch.
Es dünkt dich schier wie eine Mär aus Tausendeiner
Nacht,
wenn dieser Bauch im Abendwinde schaukelt.
Wenn dieser Nabel seine tollen Sprünge macht,
ist es, wie wenn dich eitel Frühlingsföhn umgaukelt.
Es rauscht und raschelt auf- und niederwärts,
nach vorn und hint', inmitten Perlen, Straß und Flittern.
Ja, dieser Bauch, fürwahr, der greift ans Herz.
Gleich Espenlaub fühlt man die Nerven zittern.
Ereilt die Tänzerin dereinst das Ehelos,
dann ruht sie aus nach Wetter, Sturm und Hagel.
Sie legt die Beinchen selbstgefällig in den Schoß,
den müden Bauch hängt sie dann an den Nagel.
Der Nabel schleußt das matte Auge zu,
dann hat der Bauch und die Reserve Ruh.

Der Prinzipienreiter

Ein altes Prinzip sagte zu seinem Reiter:
»Steig ab, o Herr. Ich kann nicht mehr weiter.
Verschone mich endlich. Es wäre mir lieb,
du suchtest dir ein neues, beßres Prinzip.«
Der Reiter aber meinte mit ernstem Gesicht:
»Schon aus reinem Prinzip geht so was nicht.
Ich reite dich weiter – ganz einerlei –,
und sei es – bis in die Abdeckerei.
Meine Prinzipien sind prinzipiell
bis auf die Knochen – bis auf das Fell.«
So sprach der Reiter zu seinem Prinzip,
gab ihm die Sporen und auch einen Hieb.
Prinzip ist Prinzip – ganz unbestritten.
So werden Prinzipien zu Tode geritten.
Aber was ein richtiger Prinzipienreiter ist,
der wirft selbst ein totes Prinzip nicht auf den Mist.
O nein – er läßt es gerben und stopft es aus
und reitet es als Steckenpferdchen nach Haus.
Ja, wozu wären sonst die Prinzipien da?
O sancta consequentia. –

Nach meiner ersten Scheidung

Wenn man bedenkt, wie weise, wunderbar und fein
die Weltenordnung schirmt den heil'gen Ehebund!
Zu deiner Scheidung muß ein Grund vorhanden sein,
doch bei der Heirat glaubt man dir auch ohne Grund.

Nach meiner zweiten Scheidung

Du fragst mich, was ich von den Frauen halte?
Als Antwort geb' ich dir darauf:
Ich bleibe unentwegt der alte.
Ich geb' die Hoffnung niemals auf.

Alpdrücken eines Schuldbewußten

An der Quelle sitzt der Knabe,
und der Hund sitzt auf der Schwelle.
Auf dem Baume sitzt der Rabe,
droben sitzet die Kapelle.
An dem Halse sitzt der Kragen,
an dem Fuße sitzt der Schuh,
und mir sitzt ein Schreck im Magen:
Warte nur – bald sitzt auch du.

Weltanschauung

Der Sommer färbt die Äpfel rot,
die Trauben und die Beeren.
Der Mohn in Farbenflammen loht,
sein Leuchten zu entzünden droht
die strahlendgelben Ähren.

Nur Farbenpracht, wohin man schaut,
wohin man hört, ein Klingen.
Der weite Sommerhimmel blaut,
in lichten Höhen jubelnd laut
die kleinen Lerchen singen.

Der Maulwurf in der Erde gräbt,
weiß nichts von diesen Dingen.
Er hat das Schöne nie erlebt.
Der Finsterling nach unten strebt
und wühlt nach Engerlingen.

Es findet jeder, wie er kann,
auf seine Art Erbauung.
Schaut man die Welt von oben an –
von unten – so hat jedermann
die beste Weltanschauung.

Pessimismus

Es starb E. T. A. Hoffmann und Napoleon,
es starb der junge Mozart und der alte Blücher,
es starb der Große Kurfürst und Pipin des Kleinen Sohn,
kurzum: man ist sich seines Lebens nicht mehr sicher.

Anatomie

Man soll im Leben stets nach oben trachten
und darf dabei das Unten nicht verachten.
Es muß ein Oben und ein Unten geben.
Der klügste Kopf kann ohne Gegenteil nicht leben.

Ernste Betrachtung im April

Im Nebel der Welt scheint uns alles egal:
Der Morgen und Abend, der Berg und das Tal,
das Feuer und Wasser, November und Mai.
Nur: Humor und Finanzamt – sind stets zweierlei.

Eheharmonie

Ich hab' ein kleines Wetterhaus,
da geht ein Ehepaar ein und aus.
Doch sieht man beide nie zu zwei'n,
ein jeder geht für sich allein.
Bei schönem Wetter kommt sie raus
aus ihrem kleinen Wetterhaus.
Das ärgert ihn, drum bleibt er drin.
Wenn's regnet, geht sie wieder rin.
Erst wenn sie drin ist, kommt er raus
aus seinem kleinen Wetterhaus.
Das ärgert sie – drum bleibt sie drin.
Wenn's schön wird – geht er wieder rin.
Erst wenn er drin ist – kommt sie raus
aus ihrem kleinen Wetterhaus.
Das ärgert ihn – er kommt in Wut.
Sie geht rein – wenn es regnen tut.
Erst wenn sie drin ist – kommt er raus
aus seinem kleinen Wetterhaus.
Das ärgert sie – sie ist ergrimmt.
Er geht rein, wenn das Sönnchen kimmt.
So geht es nun tagein, tagaus,
sie raus – er rein – er rein – sie raus.
Einmal kommt er – einmal kommt sie,
das nennt man Eheharmonie.
Somit wär' die Geschichte aus
vom Ehepaar im Wetterhaus.

Der triftige Grund

Freunde, die Sonne scheint, lasset uns trinken,
hebet die Becher und führt sie zum Mund.
Seht, wie die Strahlen im Wein lieblich blinken,
Sonne ist immer ein triftiger Grund.
Trinket den goldnen Wein,
trinket den Sonnenschein.
Rund ist die Erde, die Erde ist rund.
Freunde, die Sonne scheint, das ist ein Grund.

Freunde, der Regen fällt, lasset uns trinken.
Glaubt mir, im Herbst ist das Trinken gesund.
Seht, wie die feindlichen Nebel dort sinken,
Regen ist immer ein triftiger Grund.
Träufelt das edle Naß
wie in ein Regenfaß.
Rund ist die Traube, die Traube ist rund.
Freunde, der Regen fällt, das ist ein Grund.

Freunde, bald schneit es, drum lasset uns trinken,
laßt uns genießen die fröhliche Stund.
Seht, wie die Nasen im Kerzenschein blinken,
Schnee ist zum Trinken ein triftiger Grund.
Trinke im Lenz und Herbst,
trinke, bis daß du sterbst.
Bunt ist das Leben, das Leben ist bunt.
Freunde, zum Trinken ist immer ein Grund.

Am Straßenrand

Man sitzt am Straßenrand auf einem Kilometerstein
und läßt die andern stolz vorüberschreiten.
Man sieht sie latschen, hinken, stolpern oder gleiten,
und jeder möcht' gern etwas mehr und schneller als der andre sein.
Die Kleinen buffen sich nach vorwärts, grob und ungezogen,
in ihrem Tun liegt – wenn auch – aber Ehrlichkeit.
Die Großen machen sich mit satter Würde breit
und schieben sich nach vorn mit eleganten Ellenbogen.
Man sieht die Kleinen groß – die Großen wieder klein
und langsam häßlich werden.
Der ständige Wettkreislauf auf Erden
ist immer gleich – und immer wieder interessant.
Man sitzt am Straßenrand,
schaut ihnen nach – und lächelt hinterdrein.

Seufzerfamilie

Ein Seufzer schwebte ganz allein
hoch über einem Birkenhain.
Der Seufzer seufzte tief und schwer:
»O weh, o weh, es quält mich sehr,
daß ich ein männlicher Seufz-er.
Ich wünsche Seelensympathie
mit einer weiblichen Seufz-sie.«
Der Seufzer war so intensiv,
daß er sein Weib ins Leben rief.
Bevor der Mond am Himmel hing,
der Seufz-er die Seufz-sie umfing.
Er herzte sie und küßte sie:
»Du meine einzige Seufz-sie.«
Sie seufzten glücklich alle zwei,
ach, war das eine Seufzerei.
Sie gingen ineinander auf,
und, siehe da – am Morgen drauf
thront auf der Birke als Prinzeß
ein kleines, winziges Seufz-es.
Es tönte lieblich durch den Mai
jetzt die Familienseufzerei
wie ein gefühlsharmonisches
Konzert von Seufz-er, -sie und -es.
So war es – so wird's immer sein:
Ein Seufzer kommt niemals allein.

Moralin

Deutsche Frau, betrage dich,
wie es sich gezieme.
Deutsche Hausfrau: Rauche nicht.
Deutsche Dame: Prieme.

Philosophie

Man schafft so gern sich Sorg und Müh
und sucht nach Dornen unverdrossen.
Ich fand im Leben alles, nur eines fand ich nie,
und zwar: ein Negerweib mit Sommersprossen.

Binsenweisheit

Wenn dich mal eine Mücke sticht,
dann treib sie weg und groll ihr nicht.
Wenn jemand Böses von dir spricht,
dann dreh dich um und hör es nicht.
Sticht eine Wanze dich zu Haus,
dann räuchre deine Betten aus.

Kleines Selbstgespräch

Der Himmel zieht die Stirne kraus,
er ist so bleich und blaß.
Der Himmel schaut so wütend aus.
Mir scheint, er muß einmal hinaus.
Paß auf – er macht uns naß.

Die ersten Tropfen fallen schon.
Verflucht und zugenäht.
Den Kragen hoch, mein Kronensohn.
Mein Regenschirm, der lächelt hohn,
weil er zu Hause steht.

Von oben feucht, von unten feucht,
von hinten und von vorn.
Der Sturmwind mit dem Hut entfleucht.
Die gute Laune ist verscheucht,
der ganze Leib voll Zorn.

Oh, grolle nicht und schmolle nicht
und komme nicht in Wut.
Bedenke, lieber Erdenwicht:
Der kleinste Ärger lohnt sich nicht.
Der Himmel meint es gut.

Sieh dort die Regenbogenpracht,
sie zeigt dir deutlich, wie
man eine heitre Miene macht.
Wie schön, wenn man sich selbst belacht.
Das ist – Selbstironie.

Erotisches Wechselspiel

Sie lagen hinterm Gartenzaun
und waren lieblich anzuschaun.
Fürwahr, ein Pärchen wundervoll,
die Gurke Knill und Kürbis Knoll.
Er schielte schon seit langer Zeit
verliebt hin zu der Gurkenmaid
und brachte ihr ein Ständchen still:
»Dein ist mein Herz, geliebte Knill.«
Sie aber sagt mit stolzem Blick:
»Nee, nee, Sie sind mir viel zu dick.
Verehrter Herr, Sie sind wohl toll.
Das Fett muß weg, mein lieber Knoll.«
Er grämte sich und härmte sich
und schwärmte innig-minniglich.
Er schwoll und schwoll noch Zoll um Zoll.
Schwermütig weinte Kürbis Knoll.
Doch nach und nach und mit der Zeit
ward aus der schlanken Gurkenmaid
ein ganz verschrobenes Idyll,
und Runzeln kriegte Fräulein Knill.
So kam denn auch im Lauf der Zeit
der Ausgleich der Gerechtigkeit.
Sie wölbte sich und wurde krumm,
und Wärzlein wuchsen ringsherum.
Die Warzen wuchsen schnell heran
und an den Warzen Borsten dran.
Auch Falten kamen ebenso
vorn an der Nase und am Po.
In einer lauen Sommernacht
ihr Hochmut ward zu Fall gebracht.
Sie seufzt: »Wenn du noch willst – ich will.«
Da grinste Knoll, es schmollte Knill.

Der dicke Kürbis neckte sie:
»Schön siehste aus, du Borstenvieh.
Das kommt davon, siehst du, mein Gold:
Warum hast du nicht längst gewollt?«
Sie schlug verschämt die Augen zu
und lispelt: »Ach, du Loser, du.«
Bald färbt der Herbst die Blätter braun,

und es wird still am Gartenzaun.
Der Gärtner pflückt die Körbe voll,
er pflückte Knill und auch den Knoll.
Nun schwelgen beide, Kopf an Kopf,
vereint im großen Einmachtopf,
in Zucker, Essig, Öl und Dill,
sowohl der Knoll wie auch die Knill.
So geht es auch im Leben oft:
Was man erwünscht und was man hofft,
das kommt so – wie es kommen soll,
genau wie hier bei Knill und Knoll.
Die Schönheit schwindet mit der Zeit.
Die Liebe währt in Ewigkeit
bei Gurken und den Damen.
Amen.

Pessimist im Lenz

Die Sonne lacht. Ja, ja – die hat gut lachen,
sie steht am Himmel – frisch, fromm, frei und froh.
Wenn ich die Sonne wär' – ich würd' es auch so machen.
Mir geht mit Grundeis leider der Popo.

Der Flieder blüht. Ja, ja – der hat gut blühen,
ihn schützt der Zaun und eine Gartentür.
Er ist geschützt vor Ochsen und den Kühen.
Ich stehe außerhalb – und wer schützt mir?

Die Amsel lockt. Ja, ja – die hat gut locken,
sie sitzt im Baum, es jubelt fern und nah.
Es jubeln alle Kirchen-, Kuh- und Käseglocken:
Der Lenz und der Gerichtsvollzieher sind da.

Der rasierte Kaktus

Ein Kaktus wollte imponieren
und ließ die Stacheln abrasieren.
Bald merkte er zu seinem Schreck:
Das Beste war nun von ihm weg.
Als letzter Rest verblieb zum Schluß
vom ganzen Kaktus nur der – – tus.
So geht's den Menschen und den Affen:
Bleib das – wozu dich Gott geschaffen.

Lied vom alten Ofen

Ein Ofen steht einsam und abgehärmt
auf dem Hof in der Sonne, wo er sich wärmt.
Vom Rost verschandelt, mit Ruß beklebt,
so hat er den letzten Frühling erlebt.
Er hat zum Zimmer hinausgemußt,
dieweil er im Winter zu sehr gerußt.
Jetzt geht er bald ein zur ewigen Ruh.
Warte nur, balde rußest auch du!

Spießer-Sonntag

Der Sonntag latscht gemächlich durch die Gassen,
nach Mottenpulver stinkt sein Bratenrock.
Die Stiefel hat er sich vom Freitag wichsen lassen,
die Silberkrücke glänzt im Sonnenschein am Stock.
Die gute Hose hat er angezogen,
doch sie beträgt sich ziehharmonisch dann und wann.
Sein Schnurrbart wallt empor in majestätem Bogen,
und etwas Nudelsuppe hängt von neulich dran.
Stolz wie ein Helm krönt ihn sein Hochzeitshalbzylinder,
die Nase ist leicht angebläut vom Wein.
Die Alten grüßen ihn, es knicksen alle Kinder,
des Abends dirigiert er im Gesangverein.
Schlägt dann vom Turm die Glocke zehne,
legt er die Röllchen ab samt Chemisett.
Das Unterbeinkleid hängt er an die Sofalehne
(nur im Sommer),
dann kriecht der Sonntag in sein buntkariertes Bett.

Sommerfrische

Man soll nicht in die Sommerfrische gehen,
man wird doch seines Lebens nicht so richtig froh.
Ob da nun Berges- oder Meereslüfte wehen,
auf dem Balkon zu Hause weht es grade so.
Man wird gepiesackt von den Schnaken und den Mücken,
im Meer die Quallen sind auch nicht sehr angenehm.
Und dann an alle Welt das Ansichtskartenschicken.
Nee, nee, mir ist schon mies von alledem.
Ich frage Sie: ist das vielleicht Erbauung,
wenn man da schwitzend auf die Berge klimmt?
Und dann: das fremde Wasser stört mir die Verdauung.
Laß mich in Ruh mit diesem ganzen Zimt.
Was brauch' ich Schwarzwald? Ich hab' meine Edeltanne
und lass' den Ventilator durch mein Zimmer wehn.
Statt in den See kriech' ich in meine Badewanne.
Nee, nee, man soll nicht in die Sommerfrische gehn.

Vorfrühlingsnacht

Letzte Schritte wankender Gestalten
in der Morgendämmerung verhallten,
und der brave Bürger schnarcht im warmen Nest.
Hinter grauen Mauern wohlgeborgen
träumt man, zwischen Nacht und Sonntagmorgen,
teils von neuen Kleidern, teils vom Stiftungsfest.

Hintergrund ein bläulichgraues Schweigen.
Auf den kahlen Büschen und den Zweigen
lagert zarter Rauhreif silberweiß.
Auf der grünen Bank am Teich indessen,
völlig zeit- und raum- und weltvergessen,
küssen sich zwei Menschenkinder glühend heiß.

Auf dem Rasen, wie ein Strauß von Blütchen,
liegt ein Schleier und ein rosa Hütchen,
und ein weißer Pudel hält getreue Wacht.
Seine klugen schwarzen Augen blinken,
wenn er schaut zur Rechten und zur Linken
in die sacht entfliehende Vorfrühlingsnacht.

Schlaft, ihr Spießer, in den Nachtquartieren,
denn euch würde schier zu Eis gefrieren
das verkalkte Blut bei diesem Kuß.
Herrlich ist solch junges Liebesleben,
ganz von Herzen nehmen und sich geben. –
Wilde Enten schnattern ihren Morgengruß. –

Flucht

Es plagt mich oft in meiner Kammer
ein Schnaps- und Weltenkatzenjammer.
Dann strebt zum Dach empor mein Sinn,
nach irgendwo – wer weiß wohin.
Ich sehne mich nach ferner Ruh
und stopf' die Türenritzen zu,
beginne dann mich auszuziehn,
beschmiere mich mit Guttalin
und klimm' empor am Ofenrohr.
So täusch' ich mir den Urwald vor.

Potenz

Ein armer Narr, der sich vermißt,
der Dummheit Oberflächen zu ergründen.
Die allergrößte Klugheit ist:
sich mit der allergrößten Dummheit abzufinden.

Rat

Der Mensch soll stets auf Gott vertrauen
und soll sich hüten vor den Flauen
und vor den Unbeständigen
und Hundertzehnprozentigen.

Deutscher Sommer

Der Sommer schreitet durch das Land,
sein Kleid ist mit Pilzen bewachsen.
Den Baedecker trägt er in der Hand,
dazu den Regenschirm aufgespannt.
Der Sommer kommt sicher aus Sachsen.

Sein Bart ist zerzaust, und der Schädel ist kahl,
aus den Augen Tropfen ihm fleußen.
Das Antlitz verwittert, vergilbt und fahl,
die Sonne trägt er im Wolkenfutteral.
Der Sommer kommt sicher aus Preußen.

Es wettert und hagelt, es kracht immerzu,
trotz Bündnis- und Feste-feiern.
Die Menschen geben sich keine Ruh,
dem Hessen schiebt der Schwab in die Schuh
den deutschen Sommer in Bayern.

Pensionierte Sittlichkeit

Es war einmal ein Auerhahn,
der hatte seine Pflicht getan,
acht Jahre lang und noch viel mehr,
dann ward der Dienst ihm etwas schwer.
Kein Ding auf Erden ewig dauert,
er hatte eben ausge-auert.
Nun ließ er seine Blicke schweifen
betrübt zu all den Ordensschleifen,
Diplomen und den Ehrenpreisen,
die er er-auert einst auf Reisen.
Was halfen ihm jetzt all die Prämien?
Er mußt' sich vor den Hühnern schämien.
Kein Hafer und kein Sellerie
entlockte ihm ein Kikeriki.
Es klang jetzt wie ein heisres Quieken
sein einst so frohes Kikerikieken.
Und alle Hennen, alle Glucken,
die waren darob baß erschrucken.
So stand er traurig wie Pik sieben
im Kreise seiner Hühnerlieben.
Man hat den Enterich gebeten,
den Hahn einstweilen zu vertreten.
Was kümmert sich das Federvieh
um Sittlichkeit und Bigamie.
»Jawoll«, sprach stolz der Enterich.
»Die Kleinigkeit besorge ich.«
Am Zaun stand nun der Auerhahn
und sah voll tiefer Trauer an,
wie seine Hennen, seine Glucken,
ohn' mit der Wimper nur zu zucken,
im Gegenteil, noch mit Frohlucken,
sich von dem Entrich ließen ducken.

Verächtlich tät der Hahn ausspucken:
»Pfui Teufel, ja so sind die Glucken.«
Dann kam der böse Bauer an
und schnappte sich den Auerhahn
und sprach: »Du oller Veteran
wirst höchstens für die Suppe taugen.«
Dann schlossen sich zwei Hühneraugen.
Was ist des Lebens ganze Mühe?
Ein kleiner Topp voll Hühnerbrühe! –

Nörgler hinterm Ofen

Der Herbst ist da. Ach ja, man konnt' es ahnen.
Rings grau in grau. Verschwunden ist das letzte Grün.
Die Bäume stehn wie Masten ohne Fahnen,
die welken Blumen schon ans Sterben mahnen.
Wer weiß, wer weiß, ob sie noch jemals wieder blühn.

Der Herbst ist da. Ach ja, nun muß man frieren.
Der letzte Brocken Kohle wird zum Teufel gehn.
Die Zeit ist schlecht. Man muß den Mut verlieren.
Sogar die kleinen Vögel emigrieren.
Wer weiß, wer weiß, ob wir sie jemals wiedersehn.

Der Herbst ist da. Ach ja, in großen Scharen
ziehn düstre Wolken über diese trübe Welt.
Bald fällt der Schnee. Ich bin mir nicht im klaren,
ob dieser Schnee so echt ist wie vor Jahren.
Wer weiß – vielleicht wird er synthetisch hergestellt.

Gleichschaltung

Jeder fasse sich an seine eigne Neese,
jeder fege vor dem eigenen Portal.
Was des einen Veilchen, ist des andern Käse,
und im Himmel riechen alle ganz egal.

Mann im Restaurant

Im Restaurant, da sitzt ein Mann
ganz einsam und verlassen.
Die Kellner gehn in langer Reih'
im Gänsemarsch an ihm vorbei
und sehn ihn von der Seite an,
als würden sie ihn hassen.
Ich schau mir mal den Ärmsten an.
Was hat denn bloß der Mann getan,
daß ihn die Kellner meiden?
Bedient sind alle Gäste rings,
doch dieser Mann bleibt liegen – links,
den kann kein Kellner leiden.
Es rauscht vorbei die Gegenwart,
dem Mann wächst schon ein Knebelbart,
er ist kaum noch zu retten.
Die Kellner kümmert das 'nen Dreck,
sie stehen müßig rum im Eck
und spiel'n mit den Servietten.
Der Mann sitzt da ganz isoliert,
bis er verhungert oder erfriert.
Vielleicht sitzt er noch heute.
Ich zahle, gehe, und ich find',
daß manches Mal die Kellner sind
sehr sonderbare Leute.

An den Staatsanwalt

Nun bin ich satt und habe wieder ein Paar heile Schuhe,
vorhin war ich noch hungrig, naß, und mir war kalt.
Jetzt sonn' ich mich im Gras in aller Seelenruhe
und denk' an dich, gestrenger Staatsanwalt.

Ich hab' gebettelt, das gesteh' ich unverhohlen.
Die Wurst war ranzig, und das Brot war alt.
Aus Dankbarkeit hab' ich die Schuh nach Maß gestohlen.
Sei mir nicht böse, lieber Staatsanwalt.

O welch ein Wunder, wie die Stiefel passen.
Ich bin ein Lump und mach' vor keinem Paragraphen halt.
Ein Lump darf alles tun – nur nicht sich kriegen lassen,
das weißt auch du, gerechter Staatsanwalt.

Betrachtet man die Welt mit einem vollen Magen,
bekommt sie wirklich eine freundliche Gestalt.
Ich kann versteh'n, daß über mich die Menschen klagen,
auch dir verzeih' ich, guter Staatsanwalt.

Ich lieg' im Gras, und Lämmerwölklein wehen,
für dich und mich die Sonne freundlich strahlt –
und sollten wir uns einmal wiedersehen,
dann sei mir gnädig, lieber Staatsanwalt.

Legende

An einem Sonntag stieg der Herrgott mal
vom Wendelstein hinab ins Isartal.
Er ging bis Ammerland und sah die sanften Höh'n.
»Potztausend«, rief er. »Kinder, ist das schön.
Vom weiten Marsch tun mir die Füße weh.
Hier fehlt zum Baden noch ein schöner See.«
Der Herrgott rief: »Wohlan, ihr Engelein,
kommt alle her und pinkelt hier hinein.«
Die Engel hoben ihre Röcklein in die Höh –
und so entstund der Starnberger See.
Tags drauf sah Petrus drunten all die Pracht,
strich seinen Bart und brummt: »Das hat er fein gemacht.«

Ferienbilanz

Der Koffer steht zur Abfahrt marschbereit,
trübsinnig stiert er in des Zimmers öde Leere.
Halt, oller Freund, noch sind wir nicht soweit,
da in dem Schiebfach liegt noch eine Kleinigkeit,
ein paar beschmierte Bogen, meine Bürste und die Schere.

Man kramt und grübelt dann noch eine kurze Zeit,
besieht die Rechnung seufzend und betastet sich von
innen.
Man ist nicht recht betrübt und auch nicht ganz erfreut,
man schwankt so zwischen Zukunft und Vergangenheit,
ein Bein ist nicht ganz draußen und das andre nicht ganz
drinnen.

Man tröstet sich. Das Gestern wird erst morgen nett.
Durch die Vergangenheit vertalmigoldet sich das Leben.
»Mensch, döse nicht«, mahnt in der Tasche das Billett.
Man greift zum Stock und Hut nebst Mantel – so man
einen hätt'.
Dann folgt das obligate Pfötchen- und das Trinkgeldgeben.

Von fern winkt das Büro und auch der Stammtischplatz.
Im Koffer schnarcht verknautscht des Sommers weiße
Hose.
Ein Abschiedsliedchen pfeift vom Dach der Spatz.
Die Ferien waren wieder einmal für die Katz.
Am Grabenrand blüht schon die erste Herbstzeitlose.

Saure Gurken

An glühendheißen Tagen plagen
mich manchmal ganz verzwickte Fragen.
So frag' ich schwitzend mich vor Kummer:
Was macht ein Kohlenmann im Summer?

Amtsschimmelgestüt

Ein Prinzip hat seinen Reiter verloren
und mich dafür als Ersatz auserkoren.
Ich aber dankte mit höflichem Gruß:
Wozu ein Prinzip? Ich geh' prinzipiell zu Fuß.

Relativität

Es ist im Leben gar nichts wichtig.
Was nennt man falsch? Und was ist richtig?
Nur darin liegt der Unterschied,
durch welche Brille man's besieht.

Lyrik unterm Regenschirm

Ich saß am Hesseloher See,
es tröpfelt-e und tröpfelt-e.
Ich dachte mir: Wie wunderbar
gegen heut' der vorige Sonntag war,
als sanft die Sonne lagert-e
wohl auf dem blitzeblanken See.
Wie wäre es auf Erden fein,
könnt' es doch ewig voriger Sonntag sein.
Wie sang schon einst so wunderschön
der Trompetersmann von Säckin-gen:
Es ist gar häßlich eingericht',
drum gibt's kein' ewig vorigen Sonntag nicht! –
Am Tische saß ein Mann gerad',
der Kreuzworträtsel lösen tat.
Im Rasen spielt ein blondes Kind,
ein Kranz in seinen Locken hing.
Sein Antlitz war so zart und fein,
so zart und fein wie Elfenbein.
Ein Schwan durchschwante kühn den See,
ein Vöglein mich bekleckert-e,
die Geige schluchzte in die Höh',
mein Herz ergriff ein leises Weh.
Ich saß am Hesseloher See,
es tröpfelt-e und tröpfelt-e-e – – –

So ist das Leben

Ein Karren steckt im Straßendreck
und rührt und regt sich nicht vom Fleck.
Das Pferdchen zieht mit Allgewalt,
der Fuhrknecht mit der Peitsche knallt.
Die Achse kracht, die Deichsel bricht,
der Wagen rührt und regt sich nicht.
Zwei Männer stehn voll Seelenruh
am Straßenrand und schauen zu.
Greift jemand in die Speichen ein?
Ach, keine Spur. I wo. O nein.
Der Fuhrmann kommt darob in Wut,
er zückt die Peitsche, zückt sie gut,
und peitscht damit ganz hundsgemein
nun auf das arme Rößlein ein.
Jetzt werden auch die Männer wach,
und es entsteht ein großer Krach.
Sie schrein mit Fug und Recht empört:
»Der grobe Kerl. Das arme Pferd.«
Sie greifen auch sofort zur Tat.
Sie greifen, aber nicht ins Rad,
o nein, gleich an den Hals dem Knecht,
verprügeln ihn ganz kunstgerecht,
zertrümmern ihm das Nasenbein.
Heißt Überschrift: »Tierschutzverein.«
Und du und ich – und ich und du,
wir stehn dabei – und schauen zu.

Für geistige Kahlköpfe

Wer selber barfuß geht, verzeiht
dem Nächsten seines Kopfes Blöße.
An eines Menschen Winzigkeit
erkennt man seine wahre Größe.

Unzulänglichkeit

Was Gott tut, das ist wohlgetan,
das stimmt in vielen Regeln.
Er lenkt den Stern in seiner Bahn,
er lenkt den Strom zum Ozean,
er lenkt den Mensch in seinem Wahn,
er lenkt sogar des Tigers Zahn,
nur nicht den Ball beim Kegeln.

Unsterblichkeit

Die schlimmste Krankheit ist kurierbar,
einnehmbar, injizierbar oder schmierbar.
Das größte Leiden ist zu stillen,
nur: Doof bleibt doof, da helfen keine Pillen.

Das Gummiband

Ein Mann steht vor dem Warenhaus.
Die Menschen gehen ein und aus.
Sie gehen aus – sie gehen ein.
Der Mann steht draußen ganz allein
mit einem Hündchen an der Hand.
Die Frau kauft drin ein Gummiband.
»Ein kleines Stückchen Gummiband
brauch' ich«, so sprach sie – und verschwand.
Zuvor gab sie ihm ganz scharmant
die Hundeleine in die Hand,
lächelt' sehr freundlich und verschwand.
Nun kauft sie drin das Gummiband.
Die Glocke schlägt die Mittagsstund.
Der Mann steht draußen mit dem Hund
und wartet vor dem Warenhaus.
Die Menschen gehen ein und aus.
Sie gehen aus – sie gehen ein.
Der Mann steht draußen ganz allein,
die Hundeleine in der Hand.
Die Frau kauft drin ein Gummiband.
Der Mann geht wartend hin und her,
sein Magen knurrt – ihn hungert sehr.
Er wandelt her – er wandelt hin,
der Bart sprießt ihm schon aus dem Kinn.
Die Glocke schlägt die Vesperstund.
Der Mann steht draußen mit dem Hund
und wartet vor dem Warenhaus.
Die Menschen gehen ein und aus.
Sie gehen aus – sie gehen ein.
Der Mann steht draußen ganz allein,
die Hundeleine in der Hand.
Die Frau kauft drin ein Gummiband.

Dem Manne wuchs bereits ein Bart.
Der Hund hat sich indes gepaart.
Es brach die dunkle Nacht herein.
Noch immer steht der Mann allein,
die Leine in der welken Hand,
lallt wie im Fieber: »Gummiband«.
Er wankt mit schlotternd müden Knien –
halb zieht er ihn – halb sinkt er hin.
Es flimmert vor den Augen ihm.
Die Glocke schlägt dreiviertel siem.
Da huscht sie leichtbeschwingt hinaus
zu Mann und Hund vors Warenhaus.
Sie lacht mit strahlendheller Mien'.
»Hast du gewartet?« fragt sie ihn.
Er murmelt schwer und lebensmüd:
»O nein.« Dann seufzt' er – und verschied.
So gingen denn ein Mann nebst Hund
an einem Gummiband zugrund.

Sirupsonntag

Lülam feiert seinen Sonntagsfrieden
meist ab vier Uhr mittags in der Regel,
wenn die andern Sterblichen hienieden
ziehen in die Welt hinaus mit Kind und Kegel.
Alles das, was irdisch, achtet er gering,
sitzt mit seiner Sirupsemmel in der Hand,
sinnt und sonnt und sammelt sich als Sonderling,
sozusagen Sonntagssirupsemmelsammelsimulant.
An dem grünen Waldessaum ein Lämmlein meckert,
einen Reigen tanzen Selma, Senta, Sonja, Suse.
Lülam sitzt daheim in der Kabuse,
süß vom Sirup und von seiner freien Zeit bekleckert.
Wenn der Kirchendiener zieht am Strang der Glocken,
kehren all die kleinen Menschlein wieder heim.
Aus den Abendsonnenwolken wie aus güldnen
    Haferflocken
säuselt sanfter, süßer Sirupsonntagsseim.
Hinter all den Fenstern nach und nach verglimmt es,
die Geräusche an dem Filz der Nacht verstummen.
Lülam fragt sich noch bis Mitternacht: »Wie kimmt es,
daß die Fliegen sonntags lauter als an Wochentagen
    summen?«

Sonderbare Brüder

Ich habe ein Paar Schuh' gekauft
und sie, nach altem Brauch, getauft.
Der rechte Schuh heißt Ottokar,
der linke Schuh heißt Waldemar.
Sie sind zwei sonderbare Brüder.
Geht der eine hoch, geht der andre nieder.
Hat der eine Freude, hat der andre Zorn.
Ist der eine hinten, ist der andre vorn.
Ein sonderbares Brüderpaar,
der Ottokar und Waldemar.
Sie sind aus gleichem Material,
aber Ottokar ist rechtsradikal
und Waldemar linksradikal.
Sie stehen auf demselben Fleck,
sie gehen durch denselben Dreck,
vom gleichen Rind das gleiche Leder,
trotz alledem behauptet jeder:
Nur seine Meinung sei die echte,
sowohl der Linke – wie der Rechte.
Sowohl der Rechte wie der Linke
sagt, daß des andern Ansicht stinke.
Ein sonderbares Brüderpaar,
der Ottokar und Waldemar.
Tritt Otti mal in eine Pfütze,
dann macht der Waldi faule Witze.
Tritt Waldi in ein Modderloch,
dann freut sich Otti noch und noch.
Die beiden gehn den gleichen Trott,
doch jeder schwört auf seinen Gott.
Ein jeder schwört auf seinen Leisten.
Sie können sich halt nicht verkneisten.
Sie hassen sich, bekriegen sich,

sie reiben sich beide auf für mich.
Im Streiten sind sie rast- und ruhlos.
Ach, wär' ich erst mal diese Schuh' los.
Ein sonderbares Brüderpaar,
der Ottokar und Waldemar.
Glauben Sie daran? Ich glaube: nein.
So blöd' können nur wir Menschen sein.

Gedanken beim Kartoffelbuddeln

Der Winzer erntet seine goldnen Trauben.
Die edle Frucht ist allerwärts begehrt.
Ich denk' bescheiden beim Kartoffelklauben:
Ein jeder erntet, was ihm Gott beschert.

Wo die Zitronen blühn im fernen Süden,
reift die Orange voller Herrlichkeit.
Ihr Dichter, lasset mich damit in Frieden,
der Bratkartoffel sei mein Lied geweiht.

Die Kokusnuß erzählt von hohen Palmen
Romanzen aus der Tropenkolonie.
Wenn hier daheim Kartoffelpuffer qualmen –
das nenn' ich Weihrauch – das ist Poesie.

Ich stütze meine Arme auf den Spaten.
Verdammt – das Bücken fällt beim Buddeln schwer.
Die Pellkartoffeln sind famos geraten.
Nun noch der Hering. Herz, was willst du mehr?

Frisch auf, ans Werk. Das Buddeln hat begonnen.
Man buddelt hier, man buddelt da und dort.
Man buddelt alles an das Licht der Sonnen –
das weiß der Bauer, und das ahnt der Lord.

Man hätte

Man hätte dieses oder jenes unternehmen sollen,
so fängt man über, unter, an und mit sich selbst zu
grollen.
Man schleift sich herzlos sozusagen vor ein Selbstgericht
und hört zerknirscht, was innen der gestrenge Richter
spricht.
Man stellt sich schuldbewußt halb opti- und halb
pessimistisch
und zwecks Entschuldigung sogar ein bißchen fatalistisch.
Man faßt sich an den Kopf und sucht nach jenem dicken
Brette.
Man hätte.

Man hätte dieses oder jenes unterlassen sollen.
»Nun ist's zu spät«, hört man von innen eine Stimme
grollen.
Man nimmt sich furchtbar ernst, beschuldigt und beleidigt
sich.
Man lacht sich wieder aus, entschuldigt und verteidigt sich.
In diesem Augenblick ringt man noch über sich die Hände.
Im folgenden Moment sieht man schon ein ganz gutes
Ende.
So streiten sich das Gute und das Böse um die Wette.
Man hätte.

Man hätte dieses oder jenes morgen zu besorgen,
verschiebt es aber heimlich schon auf übermorgen.
Solch stille Einkehr, die ist manchmal wirklich wunderlich,
denn wenn man in sich geht, dann ist man meistens außer
sich.

Auf einer Seite hört man das Gewissen beißend grollen,
und andrerseits hört man den Trost: Es hat so kommen
sollen.
Zum Schlusse geht man mit sich selbst dann halb und halb
zu Bette.
Man hätte.

Entstehungsgeschichte

Aus Tropfen an Tropfen entsteht ein Meer.
Aus Flinte an Flinte entsteht ein Heer.
Aus Schnuppe an Schnuppe entsteht ein Stern.
Aus Null und Null entsteht ein Konzern.

Aus Bogen an Bogen entsteht eine Brücke,
aus Lücke an Lücke eine kahle Perücke.
Aus Welle an Welle besteht die Rotunde,
aus Bauch an Bauch eine Stammtischrunde.

Aus Ei an Ei besteht ein Omelett.
Aus Bein an Bein entsteht ein Ballett.
Aus Traube an Traube entsteht der Wein,
aus Kropf an Kropf ein Gesangverein.

Aus Wagen an Wagen entstehen Züge.
Aus Lüge an Lüge entstehen Kriege.
Aus Ton an Ton entsteht die Musik,
aus Irrtum an Irrtum die Politik.

Aus Pfennig an Pfennig entstehen Taler,
aus Säugling an Säugling die Steuerzahler.
Aus Schulden an Schulden entsteht die Pfändung,
aus Schlager an Schlager die Radiosendung.

Aus Flocke an Flocke entsteht die Lawine.
Aus Loch an Loch entsteht die Gardine.
Aus Hammel an Hammel entsteht die Herde.
Aus Zopf an Zopf entsteht die Behörde.

Sündenbekenntnis

Herr der Welt: Du schufst uns Menschenkinder
allzumal als mehr und etwas minder
kleine, große oder Durchschnittssünder
und erträgst uns darum mit Geduld.
Du kennst unsre Leiden samt den Schwächen,
weißt um unsre seelischen Gebrechen,
siehst die Tiefen und die Oberflächen
und vergibst uns gnädig unsre Schuld.

Herr der Welt: Du bist kein Splitterrichter.
Vom moralbeflissensten Gelichter
bis zum Musikanten, Maler, Dichter,
alle sind vor Deinem Auge gleich.
Du befragst uns nicht nach unsren Ahnen,
lenkst uns alle in denselben Bahnen.
Ober-, Zwischen- oder Untertanen
gibt es nicht in Deinem großen Reich.

Herr der Welt: Du schufst uns nicht als Götter,
darum laß uns kleine Lächler, Spötter
und die hochgeborenen Hundsfötter,
laß uns leben, wie ein jeder mag.
Eine Bitte hab' ich, ein Verlangen:
Für die Sünden, die ich nicht begangen,
noch einmal von vorne anzufangen.
Sei mir gnädig einst am Jüngsten Tag.

Liederliche Lieder

Legitimation

Irgend zwei Menschen erlaubten sich einen Aprilscherz mit
mir
und setzten mich in die Welt als fleischgewordenen
Schabernack.
Mein Pegasus ist ein zweihöckriges Murmeltier,
meine Leier ein ultrablauer Dudelsack.
Darum klingen meine Lieder wie zerbrochenes
Zwiebelmuster
aus einer verrosteten Gießkanne, welche verstimmt.
Ich irre durch das Dasein als ein Verseschuster,
den man, der sich selbst und die Welt nicht ernsthaft
nimmt.
Man hat mich gezwungen, der Menschheit anzugehören,
in einer Welt, die zum Weinen lächerlich.
Ich habe mir geschworen, mich nicht zu vermehren,
darüber verfüge und das bestimme ich.
Nun muß ich bis über den Nabel waten
durch dieses lustige Jammertal,
inmitten Advokaten und Diplomaten,
wie ein Clown ohne Maske im Karneval.
Man sagt, ich sei ein Preuße, außerdem Protestant,
so steht es geschrieben in meinen Papieren.
Ich darf Steuern bezahlen wie der bravste Bürger im Land
und könnte als Mitglied des preußischen Landtages
fungieren.
Bevor die Politik nicht wird abgeschafft auf Erden,
bevor dieses herrliche Werk nicht geglückt,
früher verspreche ich nicht, vernünftig zu werden,
doch ich glaube, ich bleibe lebenslänglich verrückt.

Das geklaute Schlüsselloch

Es stand ein Gartenhaus an der Chaussee,
das heißt, es standen dort noch mehreree.
All diese Gartenhäuschen waren ziemlich gleich,
umkränzt von Rosen und von Reben bunt und reich,
umlaubt, umsonnt, umflutet und umlichtet,
wie jeder Dichter das so zuckersüß bedichtet.
Doch gerade eines an dem Häuslein mir gefiel,
zwar nicht sein Schornstein, nicht sein Hühnerstall, sein Stil,
auch nicht der bunten Blumen Wohlgeruch,
o nein, nur ganz allein das Schlüsselluch,
das dorten in der Haustür sich befand.
Fast jeden Tag nun stundenlang ich stand
abseits am Weg und hab es angeschaut.
Da reift der Plan, das Loch, es wird geklaut.
Auf Filzpantoffeln schlich die Nacht herbei
mit Jungfernseufzern und mit Eulenschrei.
Ich hab das Schlüssellöchlein angestiert,
es hat der Mond mich somnambulisiert.
Es packte mich ein Schlüssellöcherwahn.
Ich tat, was ich vorher noch nie getan,
das weiß der Mond, der aus den Wolken schaut,
gedichtet hab ich zwar, doch nie vorher geklaut.
Nun war's passiert. In Händen fest gepackt,
hielt ich das Schlüsselloch, so wundervoll gezackt.
Auf Windesflügeln durchsauste ich die Nacht,
bis ich mein Kleinod hab in Sicherheit gebracht. –
Wie habe ich das edle Ding gehegt, gepflegt,
es sorgsam auf ein rotes Seidentuch gelegt.
Ich hab gefürchtet, daß es mir entwischt,

denn es war etwas, und war doch wieder nischt.
Ich schloß es ein, damit es nicht entkniff,
der unbegreiflich greifbare Begriff.
Frei von Materie, rein idiotiell,
nur Luft und Licht, so silberklar und hell.
Ich hab das Schlüssellöchlein parfümiert,
es multi-, divi-, adi-, subtrahiert.
Ich rechnete Radius mal Radius in Dur und Moll.
Ich diagonalisierte das Haben und Soll.
Ich habe es ge-deutscht, ge-dänt, gespanischt und ge-
rußtet,
ge-dantet, ge-platot und ge-ödipustet.
Islamisiert und brahmaputrisiert,
analysiert, judiert und auch christiert.
Be-nietzscht, be-schopenhauert und be-kantet,
be-ull, be-eck-, be-einsteint und be-klantet.
Ich lebte nur in einem Schlüssellöcherwahn,
sie schlüssellöchelten mich lieblich an.
Auf roter Seide lagen noch und noch,
in allen Farben, Formen, Schlüsselloch an Schlüsselloch.
Ich habe Tag und Nacht von ihnen phantasiert,
mich durchgeschlüssellochkleptomanifestiert.
Ein jeder andere hat ein Herba-Terba-Aquarium,
doch ich allein habe ein Locharium.
Wenn mancher mitleidsvoll auf mich herniederblickt
und lachend, selbstbewußt mit seiner Achsel zückt,
denk ich: »Der Reichste von euch allen bin ich doch.
Ihr habt die Tür – ich hab das Schlüsselloch!« –

Junggesellen-Stilleben
Ein Idyll

Durch das Fenster grient die Morgensonne,
Füllt mit goldnem Strahl das Kämmerlein.
Auf dem Stuhl tickt umgekippt ein Wecker.
Tiefes Schnarchen menget sich darein.

An der Lehne baumelt eine Hose,
und sie stöhnt und windet sich voll Qual.
Es vereint harmonisch sich zum Ganzen,
Ticken, Schnarchen, Morgensonnenstrahl.

Auf dem Boden einsam liegt ein Stiefel,
daneben gähnt ein leeres Portemonnaie.
Unterm Bette wimmert ein Zylinder,
dicht vor ihm ruht still ein großer See.

In dem Bett, am Fußend, liegt ein Schädel,
mit dem Hals ein Schlips um Freiheit ringt.
Gegenüber auf des Kopfes Kissen,
ein bestrumpfter Fuß gegen Himmel dringt.

An dem Fußend steht ein großer Globus
und zwei Hände halten rücklings ihn,
und zwei Lippen murmeln: »O mein Schädel!«
und die Sonne grinst mit froher Mien'!

Leise lallt es: »Ober, noch 'ne Pulle!«
Schluß wird nicht gemacht, ihr Lumpenpack!«
Einem Seligen schlägt keine Stunde,
und der Wecker macht tick-tack, tick-tack!

Schlafrock und Haube
ein bürgerliches Nachtidyll

Die Pfeife hat den Odem ausgepufft.
Stumpfsinnig glotzt die Lampe in die Luft.
Der Schlafrock gähnt, die Haube müde nickt.
Die Kuckucksuhr ein schläfrig Tempo tickt.
Des Schlafrocks Hand das Zeitungsblatt entfällt.
»Ach, lieber Jott, wie schlecht ist doch die Welt.
Die Preise werden auch nicht abgebaut.
Was kochste morgen?« – »Freitag – Sauerkraut.« –
»Gute Nacht, Mathilde.« –

Ein Doppelbett, bewaltig rotkariert,
auf Sandesamt und Fortpflanzung frisiert.
Ein Bild von Hindenburg hält treue Wacht,
so ernst wie vor der Tannenberger Schlacht
Auf einen Lutherspruch herniederguckt
die Königin Luise, ölgedruckt.
In allen Winkeln lagert Frieden rings.
Der Schlafsack rechts, die Haube legt sich links.
»Gute Nacht, Mathilde.«

Das Doppelbett die beiden jäh verschlingt.
Nur rechts und links ein Kopf gen Himmel dringt.
»Fritzchen kriegt Masern, so kommt es mir vor.
Im Hofe platzte heut das Wasserrohr.
Die Krauens Jette klaut bie uns Briketts.« –
Dann tiefe Stille innerhalb des Betts.
Der Schlafrock wälzt sich an das Haubenherz.
Der Bettbezug schwankt auf- und niederwärts.
»Gute Nacht, Mathilde.«

Der Hindenburg schaut freundlich von der Wand.
Luise hebt wir segnend ihre Hand.
Es schwebt ein Seufzer durch das Kämmerlein.
Im Doppeladler schlummern beide ein.
Der Schlafrock zog die mütze übers Ohr.
Er kalkuliert im Traum das Wasserrohr.
Die Haube zählt im Traum neun Monde wohl,
im Anschluß dann von Eisbein, Sauerkohl.
»Träume süß, Mathilde.«

Die Weihnachtsbescherung

Es war in Hamburg einst, am Heilgen Abend.
Und kalter Regen niedergoß in Flüssen.
Ich kam zurück von einer Weihnachtsfeier,
wo steifer Grog herniederfloß in Güssen.
Ich wankte, schwerbeladen, heimwärts von St. Pauli.
Wie spät es war, ich nicht beschwören kann.
Ich hörte vor und hinter mir Gebimmel.
Es war die erste – oder letzte Straßenbahn.
Es kann auch sein die Feuerwehr gewesen,
ich weiß es nicht – doch eins weiß ich genau:
Am neuen Pferdemarkt, da stieß ich auf ein menschlich
Wesen,
es war kein Schutzmann – es war eine Frau. –
Sie murmelte in ihren Bart: »Na, Kleiner,
willst du ein bißchen mit mich gehn? –
Bei mich is kalt. Hast du 'ne warme Bude,
komm ich bei dich!« – Ich lallte drauf: »Na, schön!« –
Mit meinem Findling bin ich dann hinaufgeklettert
bei mir zu Hause in den vierten Stock.
Sie zündet an am Baum die beiden Kerzen,
ich kochte schnell noch einen steifen Grog.
Sie flötet sanft: »Mariechen ist mein Name.« –
Ich sagte drauf: »Das hab' ich gleich geahnt!« –
Ihr Körper war von Riesendimensionen –
Zweizentner-Weib – »Mariechen« kurz benannt.
Die Gegenwart Mariechens war mir völlig schnuppe.
In solchem Zustand bin ich nämlich niemals Gent.
Ich sagte: »Prost«, und das noch ziemlich fließend,
und habe mich dann langsam kleidet-ent. –
Was dann geschah, entzieht sich meiner Kenntnis.
Ich schnarchte bald und weiß das eine bloß,
es weckte mich ein Jammern und ein Stöhnen,

Mariechens Stimme wimmert leise: »Es geht los« – –
Ich schreckt' empor – was schauten meine Ohren? –
Das klang wie die Posaune Jerichos. –
Vor Grausen meine Augen sich enthöhlten. –
Mariechens Stimme wimmert nochmals: »Es geht los!« – –
Ich sprang mit beiden Beinen gleich in die Krawatte,
band mir die Stiefel um – stürzt' in den Hut mich rin,
nahm untern Arm die Weste und die Hose
und eilt' hinaus und wußte nicht wohin! –
Gepeitscht von Furien saust' ich durch die Straßen.
Auf jede Klingel drückte ich mit wildem Stoß.
Auf jede Frage gab ich nur die eine Antwort
und stammelt' weiter nichts als: »Es geht los!« – –
Als ich nach Haus kam, fand ich die Bescherung,
Mariechen hielt in ihrem Arm ein Knäblein froh.
Ich stand nun da, wie'n Esel an der Krippe,
und tat, was Joseph tat – ich floh! – –
Doch nicht von selbst, o nein, ich ward geflohen
von meiner Wirtin, denn ein Pappkarton, so groß,
war schon gepackt. Zwei Kragen drin, zwei Bürsten,
versehen mit der Aufschrift: »Es geht los!« –
Da stand ich nun, am ersten Weihnachtsmorgen,
verstoßen auf der Straße, obdachlos –
und jeder, der den müden Wandrer fragte,
bekam die eine Antwort: »Es geht los!« –
Und hör' ich heute Weihnachtslieder singen,
entringt ein Seufzer tief sich meinem Schoß,
dann höre ich die Worte, tannenduftdurchschwängert,
Mariechens, diese inhaltschweren
»Es geht los!« – – –

Der Lustmord an der Lagune
oder
Das zu Tode gekitzelte Nilpferd
Ein wüstes Wüstendrama

Ein Nilpferd lag in süßem Traum
wohl unter dem Bananenbaum.
Ein Affe auf dem Baume saß
und quietschvergnügt Bananen fraß.
Der Affe sah das Nilpferd liegen
und dachte: »Das wird ein Vergnügen.« –
Rings alles still an der Lagune.
Der Affe pflückt' eine Banune
und fing damit ganz heimlich dann
das Nilpferd gleich zu kitzeln an.
Man hört das Nilpferd schlafend röcheln,
dann fängt es lieblich an zu löcheln.
Der Affe kitzelt immer höher.
Das Nilpferd lächelt immer möher.
Das Löcheln sich zum Kichern wandelt.
Der Affe weiter es mißhandelt,
bis es dann schließlich losgeprustet
und lacht und spuckt und grunzt und hustet
und wiehert auf dann, mit Gebrülle.
Der Affe der macht külle-külle. –
Des Nilpferds Augen Tränen quellen.
Sein Zwerchfell schläget hohe Wellen.
Es perlt ihm von der Stirn der Schweiß.
Der Affe kitzelt es am Steiß
mit der Banane einem Ende,
dann rings herum so um die Lende
und höher an des Bauches Falten.
Das mag kein Nilpferd auszuhalten.
Es strampelt wiehernd mit dem Hufe,

doch dann passiert die Katastrophe.
Es hat gegrunzt, gebrüllt, gekracht,
das Nilpferd hat sich totgelacht. –
Der Affe springt zum Baum hinauf,
frißt grinsend die Banane auf.
Doch, lieber Affe, laß dich mahnen,
o kitzle niemals mit Bananen! –
Was du nicht willst, das man dir tu',
das füg auch keinem Nilroß zu!!« – – –

Heimkehr in die Fremde

Ich ziehe aus. So lebt denn wohl, ihr Stänker!
Verlassen will ich euch für immerdar.
Was soll ich hier im Land des und der Denke-r?
Mit nebst samt auch der bösen Männer Haar!

Ich ziehe in das Reich der Menschenfresser.
Zum unerforschten Urwald strebt mein Sinn.
Es lebt sich unter wilden Tieren besser,
weil ich dann wirklich in der Wildnis bin.

Dort gibt es weder Präsident noch Kaiser.
Kitsch und Kultur ließ unbeleckt das Land.
Lebt wohl, ihr Freuden-, Zucht- und Irrenhäuser!
Lebt alle wohl, von Keyserling bis Kant!

Kein Zeitungsklatsch stört mich auf meiner Klitsche.
Ich baue friedlich meinen Sauerkohl.
Vergessen sind die Wahlen, Streiks und Pütsche,
die Silbenrätsel und das Kukirol.

Ein kleiner Pavian wird dort mein Söhnchen.
An einer Quelle lösche ich den Durscht.
Bis eines Tages ein Expeditiönchen
als neuen Tarzan meuchlings mich erfurscht.

So hause ich in friedlichen Gefilden.
Ein langer Bart keimt kniewärts aus dem Kinn.
Ich ziehe zu den Affen, zu den Wilden,
damit ich unter meinesgleichen bin.

Der Endrikatechismus

Vom heimatlosen Würstchen

»– und wo sind Sie geboren«, fragte der Würstchenmann.
Das Würstchen dachte eine Weile nach und sagte dann:
»Mein Geburtsort ist Frankfurt, soviel ich weiß,
weil ich von Hause aus ›Frankfurter Würstchen heiß‹.«
»Aha – also Frankfurt, hm, hm, soso.
Ja – ist das nun Frankfurt a.M. – oder – a.d.O.?«
Das Würstchen wurde verlegen und fragte ganz blaß:
»Frankfurt a.M. oder – a.d.O. – wie meinen Sie das?«
»Das ist doch ganz einfach. Ordnung muß sein. –
Entweder Frankfurt an der Oder – oder Frankfurt am Main.«
Da hat das Würstchen ganz leise gepiept:
»Ich wußte gar nicht, daß es zweierlei Würstchen gibt.
Ich dachte – Wurscht ist Wurscht, das ist einerlei.«
»Nein«, brüllte der Würstchenmann. »Das ist eben die Schlamperei.
Wie wäre es möglich, daß man die Wurst kontrolliere.
Eine jede Wurst braucht ihre Papiere
über das Wer und das Was – von wem und woher,
ob gekocht und geräuchert – wie groß und wie schwer.
Wurscht ist noch lange nicht Wurscht. Bevor man sie frißt,
muß man ganz genau wissen – woher sie ist,
ob von der Oder – oder vom Main.
Bei uns herrscht Ordnung – und Ordnung muß sein.«
Da weinte das Würstchen still vor sich hin:
»Ich glaube, daß ich demnach wohl heimatlos bin.
Aber ich werde versuchen, mir einen Schein zu besorgen.«
Es machte einen Knicks und sagte: »Guten Morgen.«
Das Würstchen irrte landaus und landein –
vom Main zu der Oder – von der Oder zum Main.
Es fand nirgendwo eine ruhige Stunde,
allmählich ging es mit Glanz vor die Hunde.

Sie brachten das arme Würstlein zur Strecke.
Jetzt liegt es irgendwo hinter einer Straßenhecke.
Ruhe sanft, armes Würstchen – verflucht und verdammt!
Wie gut hat es eine Salami – die weiß,
daß sie vom Esel stammt.

Ausflug

Lülam machte einen Ausflug.
Der Kaffee kostete seine wieder mal letzten 40 Pfennig
und war schlecht.
Ein Vögelein bekotete seinen Hut und sang.
Lülam überlegte minutenlang,
was für ein Vogel das gewesen sei,
ob eine Amsel, Schwarzdrossel oder ein Specht.
Schließlich kam er zu dem Resultat: »Das ist einerlei.«
Inzwischen war ein Huhn so frei,
ihm das Brot vom Tisch zu stehlen.
Lülam konnte ein leises Grollen nicht verhehlen.
Der Kellner trug einen Frack und krumme Beine,
ersterer erglänzte im Abendsonnenscheine.
Lülam offerierte einer vorüberwatschelnden Ente ein Stück
Zucker,
aber diese kümmerte sich nicht darum.
Lülam entschuldigte diesen Korb mit dem Gedanken:
»Alles Geflügel ist von Hause aus dumm.«
In diese Ereignisse platzte ein Gekreische und Geschrei:
»Hallo, hier Welle 303.
Herr Dr. . . . spricht über kalifornische Weinbauerei.«
Betrübt schlich Lülam zum Wildsauzwinger
und streichelte sanft des Borstentieres Haare, und dann
ging er
heimwärts inmitten Kinderwagen.
Der Abend und die Mücken senkten sich,
und hinter ihm erklang von Grieg »Ich liebe dich«. –

Oktoberwiese × 125.

Festlich breitet der perlmütterliche Himmel
seinen Ehrenbogen über diese Märchenwiese.
Ringsum hört man lustiges Gedudel und Gebimmel,
sieht man buntes, tausendköpfiges Gewimmel,
riecht man Bratenduft gleich Weihrauch aus dem Paradiese.
Hundertfünfundzwanzig Jahre sind indes entschloffen.
Wieviel Seufzer, Rülpse hörte man gen Himmel wehn?
»Fräulein, bringens mir noch einen Maßkrug, bitte schön.«
Prosit. Gsuffa. Weißt du, wieviel Sternlein stehn?

All die Bratochsen sah ich vorbeimarschieren,
knusprig und in überlebensgroßer Pracht.
All die Herden Bratwürstln auf allen vieren,
all die Riesendamen vor mir paradieren.
Alles offenbart sich mir verhundertfünfundzwanzigfacht.
Millionen Brathähndln flattern in Scharen
mit mir berg- und talwärts auf der Achterbahn.
»Fräulein eine Maß und einen großen Enzian.«
Die Bavaria seh ich Schiffschaukel fahren.
Ja, ein voller Maßkrug ist fürwahr kein leerer Wahn.

Wie ein Bilderbuch mit hundertfünfundzwanzig Blättern
kommt mir heuer die Oktoberwiese vor.
Ich studiere in den farbenfrohen Lettern,
und vor lauter Freude möcht ich klettern
wie ein Eichkatz an dem »Hau den Lukas« hoch empor.
So sitz ich im Bierzelt, in Gedanken mich vergrabend.
Ringsum werden schon die Lampen ausgedreht.
Vor mir leer ein schwergeprüfter Maßkrug steht.
»Hundertfünfundzwanzig Jahre – und schon wieder
Feierabend. –
Kinder, Kinder – wie die Zeit vergeht.« –

Die lustige Arche

Spucke im See

Ich habe in den See gespuckt,
da kommt ein kleiner Fisch und guckt.
Er blinzelt, äugelt und beguckt
was ich da in den See gespuckt.
Die Kiemen bibbern, und die Flossen
nebst Schwänzlein pendeln unentschlossen
mal links, mal rechts, mal rechts, mal links
um dieses unbekannte Dings.
Gern schnappt' er zu mit einem Biß,
doch traut er der Geschichte miß.
Da kommt ein alter Barsch geschwommen,
der schon beim ersten Blick vernommen,
was hier geschlagen hat die Glocke
und daß der Braten riecht nach Spocke.
Der alte spricht zum jungen Barsch:
»Mach, daß du fortschwimmst, los – marsch, marsch.
Siehst du denn nicht, du Mamelucke,
das was da schwimmt, ist eitel Spucke.
Das kannst du niemals nich vertragen.
Ein Barsch hat keinen Schwartenmagen.
Sei vor dem Schicksal auf der Hut.
Nicht alles, was es schickt, ist gut.
Es schickt oft scheinbar einen Happen,
und willste einmal nach ihm schnappen,
dann merkst du gleich des Schicksals Tücke,
wenn du recht hinschaust – ist es Spücke.
Sieh dort, da kommt ein Wurm gekrochen,
der Wurm ist echt, ich hab gesprochen!«
Darauf verschwand der alte Barsch,
und das Gedicht zu Ende warsch.

Elefant im Schnee

Jumbo, der Elefant, entfloh
auf Zehenspitzen aus dem Zoo.
Es war in einer Winternacht.
Der Vollmond lacht, kein Wärter wacht,
als unser Mister Jumbo sacht
sich heimlich aus dem Staub gemacht.
Zum Staub war jetzt zwar nicht die Zeit,
es hatte weit und breit geschneit.
Der Tiergarten lag rings mit Schnee
geschmückt von einer Märchenfee.
Just wie der Ochs am Berge stand
jetzt vor dem Schnee der Elefant.
Jumbo blieb ganz entgeistert stehn,
er hatte niemals Schnee gesehn.
Er schnuppert, lacht und ruft: »Juchhee,
dacht ich mir's doch – der erste Schnee.«
Dann ist er munter losgestapft.
Sein Rüssel war schon eisbezapft.
Als dann erschöpfte seine Krapft,
hat er nach frischer Luft geschnapft.
Im Rosengarten macht er halt.
Der Jumbo hustet: »Man wird alt.
Im Winter ist es manchmal kalt.
Der Wald ist keine Brutanstalt.«
Nach diesem kurzen Monolog
der Elefant dann weiterzog.
Er stapfte weiter Schritt um Schritt.
Der frische Schnee wie Fensterkitt,
wenn er die Beine senkt und hebt,
fest unter seinen Sohlen klebt.
Auf diese Weise bis zum Grund
im Neuschnee Loch um Loch entstund.

Ein herrliches Erkennungsmal,
ein Fressen für die Kriminal.
Jedoch für Jumbo leider nicht.
Die festgeklebte Schicht um Schicht
wuchs beim Marschieren immer mehr,
und Jumbo wurde hoch und höhr.
Wie es sehr oft im Leben geht,
daß plötzlich man auf Stelzen steht,
so ging es auch dem Elefant,
daß er auf weißen Säulen stand.
Als Untier sah man ihn von fern
vorbeispazieren am großen Stern.
Er ging bedächtig Schritt um Schritt,
und wuchs – und wuchs bei jedem Tritt,
ein Ungetüm ganz grandios,
fast dreimal überlebensgroß.
Es rauscht heran wie Donnerhall,
wie Schwertgeklirr und Wogenprall.
Bis er am Brandenburger Tor
das linke Hinterbein verlor.
Es kam der liebe Sonnenschein,
und Jumbo wurde wieder klein,
denn Gott läßt Elefantenhachsen
niemals bis in den Himmel wachsen.
Dem Jumbo ging es ebenso,
Nun marsch, zurück – rin in den Zoo.

Der letzte Floh

Sagt mir eins, ich frage euch, ihr Lieben:
Wo sind nur die Flöhe allzumal geblieben?
Ausgestorben scheinen sie zu sein mit Haut und Haar.
Damals, als ich noch ein kleiner Junge war,
mußten wir uns (es war lieblich anzusehen)
jeden Samstagabend vor dem Schlafengehen
gegenseitig wie die jungen Hunde flöhen.
Emsig suchten wir und fanden diese kleinen, flinken
Dinger.
Mit dem naßgemachten Daumen und dem Zeigefinger
suchten wir und fanden sie in Horden.
Heißa, dann begann ein lustig Flöhemassenmorden.
Kaufmännisch gesagt: Ein Mord en gros.
Musikalisch ausgedrückt: Mordissimo.
So erklär ich mir, daß nach und nach auf diese Weise
wie Indianer alle Flöhe ausgerottet wurden. Heimlich leise
möcht ich diesen festgestellten Tatbestand beweinen.
Aber eines weiß ich: Unsre gute, alte Oma hat noch einen.
Ja, sie hat noch einen aus der Mädchenzeit, den liebt sie
sehr.
Diesen einen gibt sie nie und nimmer her.
Allerdings behauptet unsre Oma, daß der Invalide
etwas hinke und schon überlebensmüde.
Titel, Orden, Ehrenzeichen und Banknoten –
alles hat ihr schon der Zoo dafür geboten.
Aber nein – sie gibt ihn nicht – sie pflegt ihn bis zum Tod.
Dieser Floh nascht bei der Großmama das Gnadenbrot.
Sollte nun die gute Oma schließlich einmal sterben,
werde ich den Flohpatriarchen von ihr erben.
Heute quält mich schon die Frage bis aufs Blut:
Ob der olle Floh wohl einen weißen Vollbart haben tut?

Träumerei an einem Teiche

Auf einem Teich voll Lebenslust
schwimmt eine junge Gänsebrust.
Doch nicht allein, nein, im Verein
mit Gänseschmalz und Gänseklein.
O Gänsebrust, o Gänsebrust,
noch bist du jung und schön.
Wer weiß, wie bald du braten mußt.
Wer weiß, wo wir uns wiedersehn.
Sehn wir uns nicht auf dieser Welt,
dann sehn wir uns in Elberfeld,
vielleicht auf einem Rieselfeld.
Die Welt ist groß, die Welt ist rund.
Stirbst du dereinst, dann bleib gesund.
Zum Gruß ein Kiel aus deinem Schwanz.
Leb wohl, du Hohewonnegans.
Du mögst in Frieden schlummern
auf dem Teich in Hinterpummern.
Der Reiche kriegt das Gänsefett,
der arme Hund kriecht so ins Bett.

Mickymaus putscht im Weinkeller

Es sprang die kleine Mickymaus
aus der Filmleinewand heraus.
Sie rief: »Hurra, jetzt bin ich frei.
Schluß mit der ew'gen Filmerei.
Das hält nicht mal Hans Albers aus –
geschweige denn die Mickymaus.«
So rief sie leinwandmüd und kroch
durchs erste beste Mauseloch.
In schwarzer Schrift auf weißer Wand
ein Pfeil und »Zum Weinkeller« stand.
Die Micky denkt mit leichtem Sinn:
»Aha, marsch, marsch – da gehste hin.«
Und eins, zwei, drei im Trippeltrab
flitzt sie die Kellertrepp hinab,
wo hinter Fässern, Stroh und Kisten
die bürgerlichen Schwestern nisten.
Die Micky von der Leinewand
ist jedem Menschen wohlbekannt,
doch hier im Mäuseunterstand
gilt sie – wie der Prophet im Vaterland.
Die Micky ist darüber froh:
»Na, endlich mal inkognito.
Ich bin ein Star im Lampenschein,
hier will ich Maus – und kein Bajazzo sein.
Jetzt tobe ich mich gründlich aus
wie eine hundsgemeine Maus.
Juchheirassa – was kost die Welt?« –
Flugs turnt der kleine Springinsfeld
empor am hohen Weinregal.
Ein Kladdradatsch – mit einemmal
rollt eine Flasche, voll und rund,
hernieder auf den Ziegelgrund.

Das Glas zerfetzt mit lautem Knall.
Die andern Mäuslein flüchten all
verschüchtert ihren Löchern zu
und psten: »Bitte – größte Ruh.
Sonst kommt und frißt uns hier die Katz.«
Die Mickymaus mit einem Satz
springt runter zu dem force majeur.
Sie denkt: »Na, das ist kein Malheur.
Wer Sorgen hat – hat auch Likör.
Wer keine hat – der hat noch mehr.«
Sie leckt und nascht am süßen Wein.
Potz Kurbelkasten, schmeckt das fein.
Sie trinkt sich ganz sternhagelvoll
und grölt und randaliert wie toll.
Die Mäuslein flüstern voll Entsetzen:
»Du wirst die Katze auf uns hetzen.«
Die Micky aber brüllt brutal:
»Ihr Hosenkacker allzumal,
wo ist die Katz? – Her mit der Katz.
Ich knall ihr einen vor den Latz.
Ich bin so stark und habe Mut.
Schmiert die Guillotine ein mit Katzenblut.
Kommt her – ich lad euch alle ein,
dann töten wir das Katzenschwein.«
Die Mäuslein huschen sacht hervörchen
und naschen mit an dem Likörchen.
Sie singen schon nach kurzer Zeit:
»Ein Prosit der Gemütlichkeit!«
Bald wird das Mäusebacchanal
zu einem wüsten Mordsskandal.
Im Siegestaumel schnapserfüllt
die Mäuseschar im Sprechchor brüllt:
»Wo ist die Katz? Her mit der Katz.
Wir knalln ihr einen vor den Latz.
Wir sind so stark – und haben Mut.

Schmiert die Guillotine ein mit Katzenblut.«
Berauscht vom süßen Branntewein,
schläft Maus um Maus in Frieden ein.
Tags drauf filmt Micky ganz charmant
verkatert auf der Leinewand.
Die Mäuslein krochen in ihr Loch.
Die Katz jedoch – lebt heute noch.

Ölsardinen-Elegie

Die Ölsardine schwimmt traurig und stumm
in ihrer blechernen Büchse herum.
Sie grübelt elegisch: »Wie werde ich fröhlich?
Ich finde mein Dasein entschieden zu ölig.
Allweil im Öl – und allweil im Öl –
alles, was recht ist, doch das ist zuvööl.
Ich frage die Freunde in Büchsen und Fässern:
»Wie können wir unsere Lage verbessern?
Dies ist die Frage eines ganzen Standes.
Es geht um den Untergang des Abendlandes.«
Dann kam ein Gast, bestellte Ölsardinen auf Toast . . .
Bald war die Ärmste von ihrem Leiden erlost. –

Olympiade im Urwald

Sieben Waldesel stanken um die Wette,
denn es galt, einen neuen Rekord aufzustellen.
Der alte Weltstinkmeister lag krank zu Bette.
Das war für die Esel eine tiefe Beschämung,
denn man erfuhr aus maßgebenden Quellen,
der Meister leide an chronischer Schließmuskellähmung.
Das kränkte die Ehre des ganzen Waldeselstandes.
Man berief die größten Stinker des ganzen Landes,
stellte sie gegenüber auf grünem Plan,
Nase um Nase, Zahn um Zahn.
Heiß war das Ringen, sie stanken und stanken,
daß die Tiere des Urwalds in Ohnmacht sanken.
Der Schiedsrichter, mit der Stoppuhr in der Hand,
gab stündlich die Resultate nach Punkten bekannt.
Bis gegen Abend von all den Sieben
ist ein einziger Waldesel übriggeblieben.
Stolz wie eine Eiche stand der Sieger da,
umjubelt vom lautem Iah-iah! –
Von Mund zu Munde, von Ort zu Ort
drang die Kunde vom neuen Weltstinkrekord.

Pferdeapfel im Rauhreif

O weh, o weh, kein Teufel kümmert sich um mich.
Hier muß ich einsam auf dem Straßenpflaster liegen.
Nicht ein Käfer oder ein paar Fliegen
hat mir das Schicksal als Genossen zugesellt.
Ich möchte weinen bitterlich.
In grauem Nebel liegt die ganze Welt.
In jener finsteren Nacht, in welcher ich geboren
als frischer pomme de cheval
inmitten Wiehern, Hufschlag, Peitschenknall,
hat mich ein Schimmelwallach im Galopp verloren.
Wir lagen da, im ganzen sieben,
teils auf, teils vor und teils einander-neben.
Es hat kein Huhn, kein Hahn nach uns gekräht.
Die anderen sind schon längst vom Sturm der Zeit
verweht,
zermalmt, zerquetscht und aufgerieben.
Nur ich blieb ganz allein am Leben.
Wenn doch der alte Mann mit seinem Besen käme
und mich auf seine milde Schaufel nähme,
dann fände ich den langersehnten Frieden,
denn einem jeden ist sein Mistbeet irgendwo beschieden.

Kameraden

Zwei Seelöwen sollten mit Keulen jonglieren,
doch die Sache wollte nicht recht funktionieren.
Der einfache Trick mißklappte ständig,
der eine Seelöwe war nämlich linkshändig.
Und außerdem noch eine Hauptrolle spielte,
daß der andere Seelöwe rechtsäugig schielte.
Schaut dieser nach rechts – kam von links eine Keule.
Warf dieser nach links – kriegt er rechts eine Beule.
Es flogen die Keulen – es schwollen die Beulen,
die beiden fingen vor Wut an zu heulen.
Leider konnten sie sich sehr schwer verständigen,
der schielende Seelöwe mit dem linkshändigen,
denn der eine stammte von Hagenbeck
und der andere aus einem grönländischen Eck.
So sprach denn der Scheele von Hagenbecken:
»Min Jung, dat geit nich – nich ums Verrecken.
Paß op, wenn eck met dat rechte Auge peile,
dann smit eck von links achtern Kop de Keule.
Awer kiek eck no links – deit de Keule rechts landen.
Nu paß op, du Dussel. Hest du mi verstanden?«
Der Grönländer grunzte, peilte und schnappte,
und siehe da – die Nummer klappte.
So vermag gute Kameradschaft alles auszuführen,
daß schielende Seelöwen wie Rastelli jonglieren.

Spinne am Abend

Die Luft ist voll von Glockenklang,
von Blumenduft und Vogelsang.
Die Welt ist ganz nach meinem Sinn –
und ich sitz fröhlich mittendrin.
Ich schwimm, vor Freude beinah irr,
wie ein Goldfischlein im Nachtgeschirr.
Mir ist heut so – so wie noch nie –
ganz anders – na, ich weiß nicht wie –
so friedfertig, verzeiherig,
versöhnlich und vertöchterlich.
Schad, daß ich nichts hab zum Regieren,
ich würde alles amnestieren.
Ich möchte, wenn ich könnte, singen –
und wie ein Böcklein meckernd springen.
Mein Nachbar neben mir, das Schwein,
dreht aus dem Brotteig Kullerchen.
Ein Hündchen stellt sich an mein Bein
und macht ein kleines Strullerchen.
Das schadet nichts – macht alles nichts.
Ich lächle friedlichen Gesichts.
Hoppla, nanu, was ist denn das?
Eine Spinne fällt mir in mein Glas.
Auch das macht nichts. Prost, weg damit.
Nur immer runter mit dem Schitt.
Ein Sprichwort sagt: Spinne am Abend
erquickend sehr und äußerst labend.
Ob wohl der gute Onkel kimmt,
der meine Zeche übernimmt.
Ich glaube nicht. Es wird schon dunkel.
Mein Glas ist leer. Es kommt kein Unkel.
Na, schön, dann nicht. Prost, in dem Sinne.
Ich glaube feste an die Spinne.

Der Ober schleicht so ernst umher,
als ob er Gandhi selber wär.
Ich trink noch eins. Rin in die Rinne.
Ich glaube feste an die Spinne.
Man dreht schon langsam aus das Licht.
Der Onkel kommt und kommt doch nicht.
Ich bin vom Stuhl herabgeplumst.
Der Onkel ist doch nicht gekummst.
Die Spinne habe ich verschluckt.
Sprichwörter lügen wie gedruckt,
von wegen Spinnen die erquickend, labend.
Man lobt den Tag nicht vor dem Abend.
Jetzt spuck ich in die Straßenrinne:
Nie mehr glaub ich an eine Spinne! –

Wildsau und ihr Schutzengel

Ein Jägersmann im Waldesgrund
wohl hinter einer Eiche stund.
Die Donnerbüchse in der Hand,
das Kinn am Schaft, den Hahn gespannt,
so steht er da und zielt und zielt.
Im Dickicht um die Ecke schielt
eine Wildsau, borstig, fett und groß.
Paß auf, gleich drückt der Jäger los.
Doch grad in diesem Augenblicke
kommt, wie vom Himmel, eine Mücke,
die tät den wilden Jäger stören
und summt ihm mahnend in die Ohren:
»Laß ab von deiner Knallerei,
schmeiß weg dein Pulver und dein Blei.
O spiele nie mit Schießpatron',
wie leicht kann das ins Auge gohn.«
Durch das Gesumme und Gebrumme
verrutscht dem Jäger Korn und Kumme.
Aus Schabernack piekt dann die Mücke
den Jäger hinten ins Genicke. –
So kam es, als die Büchse pufft,
der Schuß kracht in die blaue Luft.
Den Jäger packt ein wilder Zorn,
er schmeißt die Flinte in das Korn,
das ging zwar nicht, denn fern und nah
war weit und breit kein Korn nicht da.
Der Jäger sprudelt Gift und Spucke,
er brüllt laut: »Du verdammte Mucke!«
Die Wildsau aber leise, leise
zog ihren Hut, beziehungsweise
Schwanz und grunzte: »Donnerkeil,
auf Wiedersehen! Weidmannsheil!«

Das Mückelein von dannen floh
und lachte sich beinah entzwoo.
»Das Ding hat tadellos geklappt.
Wildsau, da haste Schwein gehabt!« –

Stachelschweinchens Abendgebet

»Müde bin ich, geh zur Ruh.
Schließ die Schweineäuglein zu.
Über meinem Bettchen klein
wacht das Mutterstachelschwein.
Kommt ein Feind und will mich heischen,
wird sie ihn zerstachelschweinefleischen.
Niemand störet mich in meiner Ruh.
Gute Nacht, bis morgen in der Fruh.«

Fred Endrikats Schwester,
Herta Römer,
über ihren Bruder:

Fred wurde am 7. 6. 1890 als ältestes von sieben Kindern in *Nakel a. d. Netze* geboren. Seine Kindheit und Volksschulzeit verlebte er in seinem Elternhaus in *Wanne-Eickel* (dort wurde inzwischen eine Straße nach ihm benannt). Als stiller, ernster Musterschüler schrieb er bereits Gedichte zu Schulfeiern und Kaisers- und Lehrer-Geburtstagen und zu Familienfeiern kleine Theaterstücke, die von seinen Geschwistern und ihm aufgeführt wurden.
Nach seiner Volksschulzeit begann er auf Wunsch des Vaters, aber widerwillig, eine Handwerkslehre. Seine Lieblingsbeschäftigung war und blieb aber immer das Schreiben. Stundenlang saß er oft in seinem Mansardenzimmerchen, las, schrieb, musizierte und komponierte. Schon als kleiner Junge beteiligte er sich an Dichterwettbewerben und gewann als Zwölfjähriger bei einem Wettbewerb des Dortmunder Generalanzeigers die gesamten Werke Dumas'. Die Handwerkslehre war ihm eine Pein, seine Gedanken waren immer: Hinaus in die Welt, um in Künstlerkreise zu kommen. Eines Morgens fand Mutter neben ihrem Frühstücksteller folgendes Gedicht:

Mutter, Mutter, laß mich gehen, laß mich gehen in die
Welt.
Dort will ich mein Glück erspähen, wo es sich verborgen
hält.
Warum soll ich verblühen wie ein Veilchen unentdeckt.
Mutter, Mutter laß mich ziehen – wer weiß, wo mein
Glück noch steckt.

Mit Erfüllung dieses Wunsches begann seine Künstlerlauf-

bahn. Er schrieb Couplets und Sketche für andere Vortragskünstler, bis er sich selbst auf die Bretter wagte, die für ihn die Welt bedeuteten. Anfangs in Cafés und kleinen Varietés bis hin zum Simplizissimus, München, zum Kabarett der Komiker, Berlin, zum Bronzekeller, Hamburg usw. Er war ständiger Mitarbeiter vieler damals führenden Zeitschriften. Marita Gründgens, Kläre Waldow kauften ständig bei ihm. Olaf Gulbransson illustrierte seine Tiergedichte und Norbert Schulze vertonte sie.
Hitlerzeit und Krieg lähmten sein Schaffen, und sein früher Tod im August 1942 riß ihn aus voller Schaffenskraft.

Fred Endrikats Frau, Irmgard Le Vangia-Endrikat, über den Dichter:

Vor einem Gänseblümchen kniet / ein Elefant im Gras – und betet – Diese zwei Zeilen könnten eine Selbstbeschreibung von Fred sein. So groß und kräftig, durch sein schlechtes Sehen schwerfällig dahinschreitend – doch so voll Zärtlichkeit und so bemüht, nicht zu verletzen. Er war sentimental und ein großer Idealist. Fred hatte eine tiefe Liebe und Verehrung für alle Wesen, und er war hilfsbereit und loyal zu seinen Freunden.

Ideen für Gedichte flogen Fred zu. Oft, wenn er Holz hackte oder, wie er sich ausdrückte, *Klötzken machte.* Oder (wenn wir nicht in Kumpelsburg, unserem Haus in Leoni, waren) bei unseren täglichen Spaziergängen. Wir waren sehr aufeinander abgestimmt, und ich fühlte sofort, wenn ein Gedanke in Fred Platz nahm. Dann trippelte ich schweigsam neben Fred her, bis er stehenblieb und sagte: »Irmilein, wie findest du das?« und mir sein neuestes Gedicht vortrug. Viele Gedichte entstanden während unserer Spaziergänge in München vom Hofgarten zum Englischen Garten, zum Chinesischen Pavillon, zum Klein-Hesseloher See und zurück.

Manchmal träumte er eine Idee. An einem Wintermorgen in Berlin erwachte Fred lachend und erzählte mir, daß er einen ganz verrückten Traum gehabt habe. Er hatte einen Elefanten durch den Schnee stampfen sehen, und der Schnee blieb an den Füßen hängen und wurde höher und höher, so daß es schien, als ob der Elefant auf Stelzen ginge. Dann wurde Fred ganz still, und ich wußte, daß gab ein neues Gedicht. Das Resultat *Elefant im Schnee.*

Verse schreiben war vollkommen natürlich für Fred. Wenn er eine Idee für einen Sketch hatte und das Exposé geschrieben hatte, wurde es ihm schnell langweilig, auch die Dialoge zu schreiben. Um diesen toten Punkt zu überbrücken, wenn wir allein waren, lebten Fred und ich uns völlig in den Charakter des betreffenden Sketches ein in allem, was wir taten und sprachen. So schufen wir die gewünschte Atmosphäre, und wir hatten viel zu lachen, und die Dialoge wurden dann ganz natürlich.

Viele seiner besten Pointen flogen ihm zu, wenn er auf der Bühne stand, und wir, seine Mitspieler, wußten nie, womit er uns wieder überraschen würde.

Viele Vierzeiler bezogen sich auf das Zeitgeschehen, und sie kamen und gingen so schnell, daß sie bedauerlicherweise nie aufgeschrieben wurden. Wenn wir einen Sketch zum erstenmal spielen, dauerte er gewöhnlich acht bis zehn Minuten. Nach ein oder zwei Wochen dauerte derselbe Sketch eine halbe Stunde.

Freds Vorliebe für Improvisation und Direktkontakt mit dem Publikum war Grund genug für ihn, lieber im Münchner *Simpl* oder in Hamburg im *Bronzekeller* zu wirken, als für eine weitaus größere Gage in einem der großen Kabaretts oder Varietés aufzutreten. Geld war niemals wichtig für Fred.

Weihnachten ging es immer nach Leoni. Vor dem Hause wurde eine Tanne geschmückt mit Kringeln und kleinen Behältern mit Vogelfutter. Ein großes Schild wurde angebracht, das Freds Einladung verkündete: *Kein Vögelein zu hungern braucht / wenn bei Endrikats der Schornstein raucht.*

Kumpelsburg, unser Haus, war eine andere Welt für uns. Es war so versteckt gelegen, daß nie unerwünschte Besucher sich dorthin verirrten. Nur besonders liebe Freunde waren willkommen. Fred gab manchen Bäumen die Namen seiner Freunde. Auch alle Tiere hatten ihren Namen. *Mutter Nolte* wohnte in unserem Keller: eine alte fette Kröte, die unwissende Besucher erschreckte. Doch wir liebten sie, weil sie unseren Keller von Asseln und anderem unerwünschten Ungeziefer frei hielt. Anfangs des Krieges kaufte Fred eine Ziege, *Genoveva*, die ihm wie ein Hündchen folgte. Die Bäuerin, die uns die Ziege verkaufte, lehrte mich, *Genoveva* zu melken.

Ich lernte melken, doch anscheinend tat ich es nicht gut genug und war zu langsam. Nach ein paar Minuten legte sich *Genoveva* platt auf die Erde, und nichts konnte sie bewegen, aufzustehen, bis ich mit meinem Eimer verschwand. Fred fand schließlich einen Ausweg. Er schnitt Zweige von Büschen und jungen Bäumen, die liebte *Genoveva* besonders. Wenn es Zeit zum Melken war, streichelte Fred die Ziege, redete ihr gut zu und fütterte sie mit den Zweigen, während ich hoffte fertig zu werden, bevor sie alles aufgefressen hatte.
Fred wollte Rosen pflanzen, aber weder Fred noch ich wußten, was zu tun war, und so kauften wir ein Gartenbuch und studierten es. Fred buddelte einen langen und tiefen Graben, während ich auf einem Erdhaufen saß und ihm aus dem Buch vorlas. Es war viel Arbeit, doch wir hatten die schönsten Rosen der ganzen Gegend.
In einem Kabarett in Berlin, während Fred seine Verse aus dem Adreßbuch nuschelte, rief jemand aus dem Publikum: »So was sollte verbrannt werden.« Worauf Fred antwortete: »Ja, und Ihr Holzkopp würde ein herrliches Feuer machen.« Unter dem Gelächter der Zuhörer verließ der Mann den Raum.

Lore Braun erinnert sich:
Mit Fred Endrikat und den Archenviechern unterwegs

Alle Gedichte und Verse hat Fred Endrikat für sich geschrieben. Er nuschelte und blubberte sie vor sich hin, wenn er in seiner braunen Samtjacke und der seidenen Bohéme-Schleife auf irgendeinem Brettl stand. Zum Schluß pflegte er in dem dicken Adreßbuch, ohne das er nie auftrat, zu blättern und nach eifrigem Suchen in dem verkehrt herum gehaltenen Band fand er einen seiner treffsicheren Vierzeiler und warf ihn in das Publikum.

In den letzten Jahren vor seinem viel zu frühen Tod im Sommer 1942 reiste er mit einem eigenen kleinen Ensemble herum. Er nannte es »Die Arche«, das »Kabarett der tödlichen Langeweile«. Und seine Mitglieder, die er liebevoll seine Kumpel nannte, waren die Archenviecher. Im Programm standen hinter unseren Namen nicht etwa die sonst üblichen Bezeichnungen wie »der glänzende Parodist« oder »die unübertreffliche Vortragskünstlerin«, sondern: »der typisch hoffnungslose Fall« oder »nicht mehr ganz jung – und schon so untalentiert«, was sich auf seine viel jüngere Frau und Partnerin Irmgard Borchardt bezog. Sich selber nannte er »der charmante Trauerbote«, und hinter meinem Namen stand schlicht: »Besser sie – als gar keine Künstlerin«.

Wir spielten Sketche von Fred oder lose zusammenhängende Folgen wie »Das gußeiserne Cabaret«, eine Parodie auf das Brettl um 1900 mit Dirnenlied und kokettierender Soubrette und Fred als Conférencier im Gehrock mit Blume im Knopfloch und flott gezwirbeltem Schnurrbart, der für »Jubel, Trubel und Heiterkeit« sorgte. Kostüme und Dekorationen waren witzige Andeutungen. Nur als die »Arche« ein Jahr lang in Köln im »Charlott« beheimatet war, ging es in dieser Hinsicht üppiger zu. Aber Fred fühlte sich trotz der künstlerischen und materiellen Erfolge nicht so recht wohl. Es lag ihm vielleicht nicht so, ein Unter-Betrieb der vielseitigen Blatzheim-Unternehmungen zu sein. Er taute erst so richtig auf, wenn wir beim Künstler-Papa Dierse in der »Kleinen Glocke« am Schauspielhaus saßen oder im »Bieresel« unseren Strammen Max futterten. Manchmal ging es auch zum »Fiesen Kunibert«, in seine alte, gemütliche Weinstube am Dom.

Ganz in seinem Element war Fred im Münchner »Simpl«, in dem er ungezählte Male und auch in seinem letzten Engagement auftrat. Er liebte das Improvisieren auf der Bühne und den nahen Umgang mit dem Publikum. So war er auch der richtige Mann, um in Hamburg aus dem Bronzekeller, der bis dahin ein Künstlerlokal war, ein weithin bekanntes Kabarett zu machen. Das war im letzten Friedens-Sommer 1938, und begeistert machte Hamburg mit. Nicht nur das gesamte, bedeutende Künstlervolk und die Studenten kamen, auch die Besatzungen der großen Überseedampfer, die Konsulats-Angehörigen, und sogar die gute Hamburger Gesellschaft fand den Weg in die kleine Straße im Gänge-Viertel. Das Podium war so winzig, daß wir zu viert kaum Platz darauf hatten, aber Freds Texte lebten und zündeten so, daß keiner die Enge und den dicken Qualm, in dem er stundenlang saß, merkte.

Und Fred schrieb neue Sachen wie lange nicht, rein »aus Spaß und Drollerei«. Wir kriegten sie morgens naß aus der Schreibmaschine, und abends spielten wir sie. Und nichts amüsierte Fred mehr als Fehler oder Steckenbleiben von uns. Es konnte ja nichts passieren, er wußte ja weiter und machte noch eine Pointe daraus!

Hier war Fred keine Nummer eines Betriebs mit einem Heer von Angestellten, sondern der bewunderte Freund des Bronzekeller-Wirtes Kurt Witte, der strahlend selber hinter seinem Bierhahn stand, denn das hatte er sich immer gewünscht. Und als er bei der Eröffnung seines Lokals das Geld für die Konzession nicht zusammenkriegte, ging er kurz entschlossen zum Zahnarzt, ließ sich zwei Goldzähne ziehen und versetzte sie. Bei Kurt Witte durfte keiner von uns nach der Vorstellung gehen. Er bat uns zu warten, bis die fremden Leute, wie er das Publikum nannte, raus waren.

Dann wurde geredet von allem, was in, an und um die Kunst herum ist, und wenn Fred ganz gemütlich wurde, beugte er sich vor und erzählte von Leoni. Dann wurde sein Gesicht, das so ruppig und borstig werden konnte, wenn ihn was oder wer störte, ganz weich und jung. Im Mundwinkel steckte wie festgeleimt sein geliebtes »Stümmelchen«, seine Zigarre, die er auch auf der Bühne nicht wegtat, und den Kopf auf die eine Pranke gestützt, blinzelte er behaglich wie ein Kater in der Sonne.
Vom 15. bis 31. Dezember nahm Fred prinzipiell kein Engagement an. Da wollte er in seiner »Kumpelsburg« am Starnberger See sein, und zu Weihnachten gedachte er all derer, mit denen er »durch unterirdische Nabelschnüre verbunden war«. Dann steckte er Lichter auf die Tanne, die er selbst gepflanzt hatte, und spielte auf der großen Ziehharmonika, genannt Ottilie Besserdich, Weihnachtslieder für die Vögel. Leoni sollte einmal ein Asyl für »alte Pferde und Chansonetten« werden. Es wurde Freds Zuflucht in seiner schweren Krankheit. Das große Telefonbuch und Ottilie Besserdich wurden nicht mehr gebraucht. Aber die unterirdische Nabelschnur hält noch, Fred.

Inhalt

Sündenfallobst

7

Sprichwörter 9 · Motto 9 · Es naht der Lenz 10 · Gedanken beim steifen Grog 11 · Die Flaschenpost 13 · Löwe hat Zahnschmerzen 14 · Regel mit hoffentlicher Ausnahme 15 · Elegischer Rauchermonolog 16 · Der Großstadtbaum 17 · Das ewig Weibliche 18 · Diogenes in der Badewanne 19 · Höhere Gewalt 20 · Noch höhere Gewalt 20 · Im Goldenen Lamm 21 · Ansprache vor dem Spiegel 22 · Gekränkte Leberwürste 23 · Gedanken beim Stachelbeerenpflücken 24 · Der wahre Menschenfreund 24 · Philosophie im Hochsommer 25 · Das Warten 26 · Bestimmung 28 · Das bin ich 29 · Bauernweisheit 30 · Der geschlagene Langstreckenläufer 31 · Die Rolle 32 · Rücksprache mit der Hose 33 · An meinen Apfelbaum 34 · Schweinephilosophie 35 · Die beiden Seiten 36 · Wandspruch für Kopflose 37 · Eigene Meinung 37 · Menschen, lernet von den Tieren 38 · Stammbuchvers 39 · Fröhlicher Besuch 40 · Unreifes Obst 42 · Schwan auf der Alster 43 · Naturgesetz 44 · Vertauschte Rollen 44 · Hymne an den Ärger 45 · Weise Einrichtung 46 · Einem Kunstbeflissenen ins Stammbuch 47 · Temperierte Wasserleitung 48 · Der Dickkopf 50 · Stille Rückschau 51 · Besinnlichkeit 52 · Wir unter uns 53 · Der richtige Tip 54 · Nachträgliche Geschenke 55 · Früher Frühling 56 · Gib ihm 57 · Dämmerstunde 58 · Vorsicht! 59 · So oder so 60 · Allen, die es angeht 60 · Mein Herrgott ist kein Bürokrat 61 · Weisheit auf Eseln 62 · Gegen den Strich 64 · Hinters Ohr zu schreiben 65

Der fröhliche Diogenes

67

Blick aus der Tonne 69 · Der gute Vorsatz 70 · Der klassische Unterschied 71 · Sang an die Frühkartoffel 72 · Wandspruch für Krakeeler 73 · Der Humor 74 · Der Flüsterwitz 75 · Stein der Weisen 76 · . . . das nicht 77 ·

Hundephilosophie in der Garderobe 78 · Bildung 79 · Der Zäsig aus der kalten Häimat 80 · Enzian-Sinfonie 81 · Heimkehr 83 · Bauern-Weisheit 84 · Stoßseufzer 85 · Gruß vom Kegelfest 85 · An einen alten Hut 86 · Die Wühlmaus 88 · Hunde hinter dem Zaun 89 · Vorm Schlafengehen 90 · Ein Wiedersehen 91 · Die arbeitsscheue Ameise 93 · Frühling wird's 94 · Frühling ist's 94 · Schwermütiger Abend 95 · Der Löwenzahn 96 · Warzenschwein in der Sonne 98 · Einem Freund ins Stammbuch 99 · Meinem Irmilein zum Geburtstag 100 · Am Spitalfenster 102 · Elefanten-Schlummerlied 103 · Monolog eines asthmatischen Regenwurms 104 · Rat 106 · Das Verläßliche 107 · Man liegt im Gras 108 · Wo ich wohne 109 · Unlautere Konkurrenz 110 · Schnecke auf Brautschau 111 · Abendstimmung 112 · Astronomische Gastronomie 113 · Der Künstler an das Publikum 114 · Berg- und Talbahn 115 · Rosen in fremden Gärten 115 · Gewitterstimmung 116 · Der Apfel 117 · Der Eskimo 118 · Die multiplizierte Tafelrunde 119 · Hausfriedensbruch 121 · Heuschreck im Herbst 122 · Hund in der Wüste 123 · Ehe-prigramm 124

Liederliches und Lyrisches

125

Hymne an die Lebensfreude 127 · Der Philosoph ohne Regenschirm 129 · Regeln mit Ausnahmen 129 · Ferien 130 · Regenwetter 131 · Dem »lieben« Nachbarn ins Stammbuch 132 · Einem Menschenverbesserer ins Stammbuch 133 · Meinem Jungen zum ersten Geburtstag 134 · Stadtflucht 135 · Wenn's liebe Sönnchen scheint 136 · November-Elegie 137 · Einem Pessimistviech ins Stammbuch 138 · Ein altes Lied 139 · Giebelspruch 139 · Kumpelsburg in Leoni 140 · Prost, Harry! 141 · Holzhacker wird sentimental 142 · Sandalenbrief 143 · Einem Boxer ins Stammbuch 144 · Es hilft dir nichts ... 145 · Asphalt, leb wohl 146 · Komplikationen 147 · Fragment 147 · Brief aus der Sommerfrische 148 · Ein Stückchen Sonntag 149 · Sägespäne 150 · Einem Ärgerling ins Stammbuch 151 · Pfingstbrief 152 · Morgenandacht 153 · Sonnenblume im Gemüsegarten 154 · Alte Wege 155 · Es gibt ein Stück Erde ... 156 · Gruß an den Münchener Simpl 157 · Alte Hammel – neue Wege 158 · Späte Freuden 159 · Reife 160 · Später Sommer 161 · Das letzte Dorf 162 · Müßiggängers Abendgebet 162 · Gruß an die Rote Erde 163 · Die Bergmannskuh 164 · Gruß vom Münchener Odeonsplatz 165 · Zwetschgenzeit 166 · Es werde 167 · Das Wundersame 168 · Silvesterfeier 169 · An jenen reichen Mann 171 · Brief aus dem Wartesaal 172 · Einem Fußballer ins Stammbuch 173 · Semper idem 174 ·

Der Wald schläft 175 · An Dich 176 · Abend am Wasser 176 · Der kluge Prophet 176 · Die Krähen 177 · Hühner im Regen 178 · Schneemann weint 179 · Lebensmathematik 179 · Steckbrief für Intellektuelle 180 · Der stolze Posaunenstoß 181 · Abendlied am trockenen Klein-Hesseloher-See 182 · Mir selbst ins Stammbuch 183

Höchst weltliche Sündenfibel

185

Apfel und Feigenblatt 187 · Der mondäne Vamp 189 · – und vergib uns unsre Schuld 190 · Beständigkeit 190 · Stammbuchvers 191 · Wochenbrevier 192 · Schnapsgebete 194 · Die Bauchtänzerin 195 · Der Prinzipienreiter 196 · Nach meiner ersten Scheidung 197 · Nach meiner zweiten Scheidung 197 · Alpdrücken eines Schuldbewußten 198 · Weltanschauung 199 · Pessimismus 200 · Anatomie 200 · Ernste Betrachtung im April 200 · Eheharmonie 201 · Der triftige Grund 202 · Am Straßenrand 203 · Seufzerfamilie 204 · Moralin 205 · Philosophie 205 · Binsenweisheit 205 · Kleines Selbstgespräch 206 · Erotisches Wechselspiel 207 · Pessimist im Lenz 209 · Der rasierte Kaktus 210 · Lied vom alten Ofen 210 · Spießer-Sonntag 211 · Sommerfrische 212 · Vorfrühlingsnacht 213 · Flucht 214 · Potenz 214 · Rat 215 · Deutscher Sommer 216 · Pensionierte Sittlichkeit 217 · Nörgler hinterm Ofen 219 · Gleichschaltung 219 · Mann im Restaurant 220 · An den Staatsanwalt 221 · Legende 222 · Ferienbilanz 223 · Saure Gurken 224 · Amtsschimmelgestüt 224 · Relativität 224 · Lyrik unterm Regenschirm 225 · So ist das Leben 226 · Für geistige Kahlköpfe 227 · Unzulänglichkeit 227 · Unsterblichkeit 227 · Das Gummiband 228 · Sirupsonntag 230 · Sonderbare Brüder 231 · Gedanken beim Kartoffelbuddeln 233 · Man hätte 234 · Entstehungsgeschichte 236 · Sündenbekenntnis 237

Liederliche Lieder

239

Legitimationen 241 · Das geklaute Schlüsselloch 242 · Junggesellen-Stilleben, Ein Idyll 244 · Schlafrock und Haube ein bürgerliches Nachtidyll 245 · Die Weihnachtsbescherung 247 · Der Lustmord an der Lagune oder, Das zu Tode gekitzelte Nilpferd, Ein wüstes Wüstendrama 249 · Heimkehr in die Fremde 251

Der Endrikatechismus
253

Vom heimatlosen Würstchen 255 · Ausflug 257 · Oktoberwiese × 125 258

Die lustige Arche
259

Spucke im See 261 · Elefant im Schnee 262 · Der letzte Floh 264 · Träumerei an einem Teiche 265 · Mickymaus putscht im Weinkeller 266 · Ölsardinen-Elegie 268 · Olympiade im Urwald 269 · Pferdeapfel im Rauhreif 270 · Kameraden 271 · Spinne am Abend 272 · Wildsau und ihr Schutzengel 274 · Stachelschweinchens Abendgebet 276

Fred Endrikats Schwester, Herta Römer, über ihren Bruder 277 · Fred Endrikats Frau, Irmgard Le Vangia-Endrikat, über den Dichter 279 · Lore Braun erinnert sich. Mit Fred Endrikat und den Archenviechern unterwegs 283